心理学与社会治理丛书
Series on Psychology and
Social Governance

丛书主编：杨玉芳　郭永玉
　　　　　许　燕　张建新

Psychological Development and Education
of Migrant Children in China:
An Integrated and
Collaborative Model

中国流动儿童
心理发展与教育
整合与协同的模式

熊　猛　叶一舵　著

北京师范大学出版集团
北京师范大学出版社

丛书编委会

主　编　杨玉芳　郭永玉　许　燕　张建新
编　委　(以汉语拼音为序)
　　　　陈　红　傅　宏　郭永玉　孙健敏
　　　　王俊秀　谢晓非　许　燕　杨玉芳
　　　　张建新

丛书总序

经过多年的构思、策划、组织和编撰，由中国心理学会出版工作委员会组织撰写的书系"心理学与社会治理丛书"即将和读者见面。这是继"当代中国心理科学文库""认知神经科学前沿译丛"两大书系之后，出版工作委员会组织编撰的第三套学术著作书系。它的问世将是中国心理学界的一个具有重要理论和现实意义的里程碑式事件。

之前的两套书系在社会上产生了广泛的影响，也赢得了同行普遍的好评。但是这些工作主要基于由科学问题本身所形成的内容架构，对于现实问题的关切还不够系统和全面，因而不足以展现中国心理学界研究的全貌。这就涉及我们常讲的"自下而上"与"自上而下"的问题形成逻辑。我们感到，面对当前中国社会的变革，基于当下现实生活的复杂性和矛盾性，中国心理学界应该尽力做出回应，要有所贡献。而社会治理正是心理学探讨时代需求、关注现实社会的重要突破口，同时也是很多中国心理学者近年来一直努力探索并且已有丰富积累的一个创新性交叉学科领域。

社会治理是由作为治理主体的人或组织对以人为中心的社会公共事务进行的治理。因此，社会治理的核心是"人"的问题，社会治理的理论和实践都离不开"人"这一核心要素，自然也就离不开对人性和人心的理解。这既源自心理学的学科性质，也是由社会治理的本质要素所决定的。一方面，就学科性质而言，心理学是研究人的心理和行为的学科，它兼具自然科学与社会科学的双重属性。2016年5月17日，习近平总书记在哲学社会科学工作座谈会上指出"要加快完善对哲学社会科学具有支撑作用的学科"，其中就包括心理学。早在现代心理学诞生之初，它就被认为在整个社会科学中具有基础学科的地位。但是在漫长的学科发展历史上，由于心理学本身发展还不够成熟，因此它作为社会科学基础学科的作用并未得到充分体现。尽管如此，近年来由于理论、方法的不断发展与创新，心理学在解决现实问题方面的建树已经日益丰富而深刻，已经在相当程度上开始承担起支撑社会科学、解决社会问题的责任。

另一方面，从社会治理自身的学理逻辑出发，当前中国社会治理现代化的过程也离不开心理学的支持。社会治理作为一种现代化的理念，与社会统治和社会管理在基本内涵上有很大差异。首先，它强调治理主体的多元性，除了执政党和政府，还包括各级社会组织、社区、企业以及公民个人。其次，社会治理的客体是以人为中心的社会公共事务，目标是消解不同主体之间的冲突与矛盾。最后，社会治理的过程也不同于传统意义的社会管理，它包括了统筹协调、良性互动、民主协商、共同决策等现代化治理策略与手段。因此，不管从主体、客体或过程的哪个方面讲，社会治理都必须关注社会中一个个具体的人，关注这些个体与群体的心理与行为、矛盾与共生、状态与动态、表象与机制等心理学层面的问题。也只有依托心理学的理论与方法，这些问题才能得到更深入的探索和更彻底的解决。因此可以说，在学科性质、学理关联、问题关切、实践技术等多个层面，心理学均与社会治理的现实需求有着本质上的契合性。

正因为如此，近年来国家对于心理学在社会治理中的作用给予了高度重视。中共十九大报告在"打造共建共治共享的社会治理格局"这一部分提出，加强社会心理服务体系建设，培育自尊自信、理性平和、积极向上的社会心态。中共十九届四中全会审议通过的《中共中央关于坚持和完善中国特色社会主义制度 推进国家治理体系和治理能力现代化若干重大问题的决定》再次强调健全社会心理服务体系。可以看出，心理学已经被定位为社会治理现代化进程中不可或缺的一部分。这是时代对中国心理学界提出的要求和呼唤。而本书系的推出，既是对时代需求的回应，也是心理学研究者肩负使命、敢于创新的一次集中探索和集体呈现。

明确了这一定位之后，我们开始积极策划推动书系的编撰工作。这一工作立即得到了中国心理学会和众多心理学界同人的大力支持与积极响应。我们在充分调研的基础上，成立了书系编委会，以求能在书目选题、作者遴选、写作质量、风格体例等方面严格把关，确保编撰工作的开展和收效达到预期。2015年，编委会先后三次召开会议，深入研讨书系编撰工作中的一系列基础问题，最终明确提出了"问题导向、学术前沿、项目基础、智库参考"的十六字编撰方针，即要求书系中的每一本专著都必须关注当下中国社会的某一现实问题，有明确的问题导向；同时，这一问题必须有明确的学术定位，要站在学术前沿的视角用科学解决问题的思路来对其加以探讨；此外，为了保证研究质量，要求每一本专著都依托作者所完成的高层次项目的成果来撰写；最后，希望每一本专著都能够切实为中国社会治理提供智力支持和实践启示。

基于这样的方针和定位，编委会通过谨慎的遴选和多方面的沟通，确立了一个优秀的作者群体。这些作者均为近年来持续关注社会治理相关心理学问题的资深专家，其中也不乏一些虽然相对年轻但已有较深积淀的青年才俊。通过反复的会谈与沟通，结合每一位作者所主持的项目课题和研究领域，编委会共同商讨了每一本专著的选题。我们总体上将本书系划分为四个部分，分别为"现代化过程中的社会心态""群体心理与危机管理""社区与组织管理""社会规范与价值观"。每一部分邀请6~8位代表性专家执笔，将其多年研究成果通过专著来展现，从而形成本书系整体的内容架构。

在这些工作的基础上，2016年1月，中国心理学会出版工作委员会召开了第一次编委会成员和几乎全体作者参加的书系编撰工作会议，这标志着编撰工作的正式开启。会上除了由每一位作者汇报其具体的写作思路和书目大纲之外，编委会还同作者一道讨论、确定了书系的基本定位与风格。我们认为本书系的定位不是教材，不是研究报告，不是专业性综述，不是通俗读物。它应该比教材更专门和深入，更有个人观点；比研究报告更概略，有更多的叙述，更少的研究过程和专业性的交代；比专业性综述更展开，更具体，更有可读性，要让外行的人能看懂；比通俗读物更有深度，通而不俗，既让读者能看进去，又关注严肃的科学问题，而且有自己独到的看法。同时，在写作风格上，我们还提出，本书系的读者范围要尽可能广，既包括党政干部、专业学者和研究人员，也包括对这一领域感兴趣的普通读者。所以在保证学术性的前提下，文笔必须尽可能考究，要兼顾理论性、科学性、人文性、可读性、严谨性。同时，针对字数、书名、大纲体例等方面，会上也统一提出了倡议和要求。这些总体上的定位和要求，既保证了书系风格的统一，也是对书系整体质量的把控。

在此后的几年中，书系的编撰工作顺利地开展。我们的"编撰工作会议"制度也一直保持了下来，每过半年到一年的时间即召开一次。在每一次会议上，由作者报告其写作进度，大家一起交流建议，分享体会。在一次次的研讨中，不仅每一本专著的内容都更为扎实凝练，而且书系整体的立意与风格也更加明确和统一。特别是，我们历次的编撰工作会议都会邀请1~2位来自社会学、法学或公共管理学的专家参会，向我们讲述他们在社会治理领域的不同理论视角和研究发现，这种跨学科的对话极大地丰富了我们心理学者的思维广度。当然，随着编撰工作的深入，有一些最初有意愿参与撰写的作者，出于种种原因退出了书系的编撰工作，这不能不说是一种遗憾。但同时，也有一些新的同样资深的学者带着他们的多年研究成果补充进来，使得书系的内容更加充实，作者团队也更加发展壮大。在这些年的共同工作中，我们逐渐意识到，我们正在做的事情不仅是推出一套书，而且还基于这一平台构建一个学术共同体，一起为共同的学术愿景而努力，为中国的社会治理现代化进程承担心理学研究者应尽的责任。这是最令人感到骄傲和欣慰的地方。

我们还要感谢北京师范大学出版集团的领导和编辑们！他们对于本书系的出版工作给予了大力的支持。在他们的努力下，本书系于2020年年初获批国家出版基金项目资助，这让我们的工作站到了更高的起点上。同时，还要感谢中国心理学会"学会创新和服务能力提升工程"项目在组织上、经费上提供的重要帮助。

在作者、编委、出版社以及各界同人的共同努力下，书系的编撰工作已经接近完成。从2021年开始，书系中的著作将分批刊印，与读者见面。每一本专著，既是作者及其团队多年研究成果的结晶，也凝结着历次编撰工作会议研讨中汇聚的集体智慧，更是多方面工作人员一起投入的结果。我们期待本书系能够受到读者的喜爱，进而成为中国心理学和社会治理的科研与实践前进历程中的一个重要里程碑。

主编

杨玉芳　郭永玉　许燕　张建新

2021年7月22日

前　言

随着城市化进程的加速发展，我国流动人口的规模不断扩大，流动人口由单一流动逐渐过渡到家庭化流动，流动儿童的数量急剧上升，如何保障流动儿童的心理健康发展逐渐成为研究者关注的重要课题。本书遵循"描述—解释—预测—控制"这一逻辑主线，系统阐述了流动儿童的发展环境、心理健康现状、消极心理、积极心理、心理健康的影响因素与机制、心理健康的整合性教育干预实践以及心理健康教育的协同模式。

第 1 章主要介绍流动儿童的发展环境，包括流动儿童概述、流动儿童的家庭环境、流动儿童的学校环境及流动儿童的社会环境。这为深入理解流动儿童心理发展的外部环境提供了参考，并为进一步的机制探讨奠定了基础。

第 2 章主要介绍流动儿童的心理健康现状，包括心理健康的概念与标准、流动儿童的心理健康问题。通过比较流动儿童与城市儿童心理健康的差异，揭示了流动儿童心理发展的特点和规律，并讨论了这些结果背后的原因。

第 3 章主要介绍流动儿童的消极心理：相对剥夺感。这里探讨了流动儿童在城市中经常体验到的消极心理的本质，以期揭示流动儿童心理发展的危险因素及其对流动儿童心理社会适应产生的影响。

第 4 章主要介绍流动儿童的积极心理：幸福感与心理资本。基于积极心理学的视角，探讨了流动儿童的积极心理，以期为流动儿童的心理发展找到保护因素和突破口。

第 5 章主要介绍流动儿童心理健康的影响因素与机制。基于前人的研究，介绍影响流动儿童心理健康的环境因素和个体因素，并进一步阐述环境因素和个体因素对流动儿童心理健康的交互影响，从而为流动儿童心理问题的干预实践奠定基础。

第 6 章主要介绍流动儿童心理健康的整合性教育干预实践，包括流动儿童的教育干预及整合性教育干预模式、流动儿童心理健康的整合性教育干预实验以及整合性教育干预对提升流动儿童心理健康水平的启示。期望通过具体的干预实践，探索出一套解决流动儿童心理健康问题、提升流动儿童心理健康水平的合理且有效的操作方案。

第 7 章主要介绍流动儿童心理健康教育的协同模式。这里主要从个人的适应、家庭的责任、学校的义务及社会的担当四个方面阐述流动儿童心理健康教育中各方扮演的角色，在此基础上构建流动儿童心理健康教育的协同模式。本章主要结合前面几章的研究结果，针对流动儿童的发展环境、心理健康状况及主要心理问题，提出相应的教育建议。

目 录

1 流动儿童的发展环境 …………………………………………… 1

    1.1 流动儿童概述 ………………………………………………… 2
    1.2 流动儿童的家庭环境 ………………………………………… 7
    1.3 流动儿童的学校环境 ………………………………………… 11
    1.4 流动儿童的社会环境 ………………………………………… 15

2 流动儿童的心理健康现状 ……………………………………… 19

    2.1 心理健康的概念与标准 ……………………………………… 19
    2.2 流动儿童的心理健康问题 …………………………………… 21

3 流动儿童的消极心理：相对剥夺感 …………………………… 36

    3.1 什么是相对剥夺感 …………………………………………… 37
    3.2 流动儿童相对剥夺感的影响因素 …………………………… 49
    3.3 流动儿童相对剥夺感的影响后效 …………………………… 52
    3.4 教育建议 ……………………………………………………… 60

4 流动儿童的积极心理：幸福感与心理资本 ………………… 70

    4.1 流动儿童的幸福感：我们的要求并不高 ………………… 71

    4.2 流动儿童的心理资本：我们比城市孩子更有韧性 ………………… 81

5 流动儿童心理健康的影响因素与机制 ………………… 93

    5.1 环境因素对流动儿童心理健康的影响 ………………… 95

    5.2 个体因素对流动儿童心理健康的影响 ………………… 105

    5.3 环境因素与个体因素的交互作用 ………………… 117

6 流动儿童心理健康的整合性教育干预实践 ………………… 130

    6.1 流动儿童的教育干预及整合性教育干预模式 ………………… 131

    6.2 流动儿童心理健康的整合性教育干预实验 ………………… 137

    6.3 整合性教育干预对提升流动儿童心理健康水平的启示 ………………… 141

7 流动儿童心理健康教育的协同模式 ………………… 146

    7.1 流动儿童心理健康教育——个人的适应 ………………… 147

    7.2 流动儿童心理健康教育——家庭的责任 ………………… 151

    7.3 流动儿童心理健康教育——学校的义务 ………………… 155

    7.4 流动儿童心理健康教育——社会的担当 ………………… 161

    7.5 构建个人、家庭、学校、社会"四位一体"的协同模式 ………………… 165

主要参考文献 ………………… 169

1

流动儿童的发展环境

"我家住的那个社区太脏、太挤了,我家后面就是个臭水池,经常会闻到臭味。大家都往那里倒垃圾,我很反感。另外,我们租住的屋子太小了,只有两间,基本上就是放两张床!我爸妈、姐姐和我挤在两间屋子里,很不舒服。好在周围住的都是外来人口,感觉还好一些。还有就是这边的商店很多,想买什么东西都方便,在老家的时候,买个东西还要跑老远,去镇上,有很多东西都买不到。对于这个社区,我就希望每个人都能自觉地维护环境卫生,不要脏脏乱乱的。也希望邻居之间能融洽一点,就像我们在老家的时候。

这里的邻居经常换人,我和他们一点都不熟。我这边也没有什么朋友,就是和一个从三年级一起玩到大的同学关系还好,但是我们住的地方离得远,周末一起玩也不方便。在老家,那伙伴可多了,大家一起去河里摸鱼,莲蓬熟了的时候,可以把荷叶摘了顶在头上玩,特别好玩……

我一般周末看电视或者看武侠小说,很少玩游戏,家里没有电脑。附近没有同学可以一起玩,同学偶尔才来一次家里。我也没有什么特别的爱好,所以感觉挺孤单的。"

上述是某打工子弟学校一名流动儿童的访谈记录(申继亮,刘霞，2015），也是流动儿童在城市生活的缩影。从中可以看出，因为流动儿童的生活和学习环境都发生了实实在在的变化，而这种变化又是他们必须面对的现实。流动儿童生活的家庭环境和社会环境对其心理发展有着深刻的影响，正如世界卫生组织专家委员会所指出的，与人生命的其他时期相比，儿童时期的心理健康问题与周围环境有着更为直接的联系（陈家麟，2002）。流动儿童面临着家庭、生活、学习各方面的挑战，在复杂的内外因素的作用下，他们的心理发展和社会适应也受到了一定的威胁。

《关于进一步做好进城务工就业农民子女义务教育工作的意见》指出："地方各级政府特别是教育行政部门和全日制公办中小学要建立完善保障进城务工就业农民子女接受义务教育的工作制度和机制。"切实关注和解决流动儿童的发展与教育问题，并对这一群体的生存环境进行系统梳理，有助于促进他们的健康成长和素质的提高，有助于推动农村剩余劳动力的转移，有助于社会和谐稳定，具有重要的理论价值和深远的现实意义。

1.1 流动儿童概述

随着我国经济的快速发展和农村劳动力的加速转移，流动人口大量增加。第七次全国人口普查结果显示，中国现有流动人口37582万人，同2010年相比增长69.73%。2022年教育部公布的数据也显示，2021年我国仅义务教育阶段的进城务工人员随迁子女（流动儿童）就达1372.41万人。这表明，流动儿童已成为城市社会中一个庞大且不容忽视的群体，如何保障流动儿童的健康发展已成为多学科研究者共同关注的重要课题（刘霞，赵景欣，申继亮，2013；熊猛，叶一舵，2011）。

1.1.1 流动儿童的界定

对于流动儿童的界定，大多数研究者倾向于采用1998年颁布的《流动儿童少年就学暂行办法》中的定义，即流动儿童少年是指6～14周岁（或7～15周岁），随父母或其他监护人在流入地暂时居住半年以上有学习能力的儿童少年。第五次全国人口普查资料将流动儿童定义为"居住在本乡镇街道半年以上，户口在外乡镇街道"或者"在本乡镇街道居住不满半年，离开户口登记地半年以上"的18周岁以下的人口。申继亮等人(2009)主持的"处境不利儿童的心理发展现状与教育对策研究"课题组将流动儿童界定为6～18周岁随父母或其他监护人在流入城市暂时居住半年以上，且在当地学校就读的儿童青少年。肖敏敏(2012)进一步将流动儿童定义为7～15周岁随父母或其他监护人在城市暂时居住半年以上的、具有农村户籍的儿童少年。

综合以上观点，我们可以看出，完整界定流动儿童必须包含三个要素，即年龄、来城市时间和户口所在地。根据以上要素，我们将流动儿童界定为6～18周岁随父母或其他监护人在流入城市暂时居住半年以上，具有农村户籍，且在当地学校就读的儿童青少年(熊猛，2015)。由于农民工子女是流动儿童的主体，参照以往的研究(刘霞，赵景欣，申继亮，2013)，本书关注的流动儿童主要是我国大中城市中的农民工子女，即城市流动儿童。另外，为了使后续的取样更为准确和具体，我们参考前人的研究(刘霞，赵景欣，申继亮，2013)，将本书中流动儿童的筛选标准确定为：①6～18周岁；②父母没有任何一方去世；③父母没有离异；④儿童自身没有残疾；⑤父母为农民工，户口在农村老家；⑥非城市出生；⑦随父母来城市暂时居住半年以上。

此外，根据学界的通行做法，我们根据是否在读，将流动儿童分为在读流动儿童和辍学流动儿童；再依照就读学校的差别，将在读流动儿童分为打工子弟学校流动儿童和公立学校流动儿童(申继亮，刘霞，2015）。如无特别指明，本书中的城市流动儿童均简称为流动儿童。

1.1.2 流动儿童与相关概念的辨析

鉴于流动儿童与留守儿童、流动人口子女、进城就业农民子女的概念常被混用，这里有必要将流动儿童与相关概念做一番辨析。

首先，要将流动儿童与留守儿童区别开来。根据农民工子女居住的地域环境不同，农民工子女包括城市流动儿童和农村留守儿童两类。城市流动儿童是指6～18周岁随父母或其他监护人在流入城市暂时居住半年以上，且在当地学校就读的儿童青少年（申继亮等，2009）。农村留守儿童则指父母双方或一方在外打工而被留在户籍所在地的农村，并因此不能和父母双方共同生活的18周岁以下的未成年人（赵景欣，2007）。这两类儿童随着居住地的变迁可以相互转换。流动儿童与留守儿童的区分相对容易，即两者在居住地上存在差别，前者居住在城市，而后者居住在农村。

其次，要将流动儿童与流动人口子女区别开来。我国的农民工及其家属是城市流动人口的主要构成部分，但不是全部。流动人口中也有相当一部分是从其他城市来的白领群体（也有城镇人口的流动），还有从其他国家来的群体。城市流动儿童在我国约定俗成地指城市农民工子女（熊猛，叶一舵，2011）。因而，流动人口子女在外延上明显大于流动儿童，流动儿童只是流动人口子女的一部分。

最后，要将流动儿童与进城就业农民子女区别开来。有研究者把进城就业农民分为两类，即在城市受人雇佣从事非农职业的"受雇者"和做小买卖、开小作坊等的"自雇职业者"，并且认为城市农民工属于前者而不属于后者（刘正荣，2006）。我们认为这一观点有其合理性。所谓城市农民工，是指户籍身份还是农民，有承包土地，但主要从事非农产业、以工资为主要收入来源的进城务工人员（熊猛，叶一舵，2011）。这一核心概念包括四个必不可少的要素：户籍在农村、有承包土地、从事非农产业和以工资为主要收入来源。进城就业农民中的"受雇者"符合这四个要素，而"自雇职业者"只符合前三个要素，不符合第四个要素。因此，城市农民工子女（城市流动儿童）的外延比进城就业农民子女要小，城市流动儿童只是进城就业农民子女的一部分。

由于流动儿童概念的模糊性和复杂性，将其与相关概念进行辨析只是我们的一次尝试，却是必要的。概念的统一一方面有利于后续取样的精确和具体、研究的比较和延伸，另一方面有利于国家相关政策的制定和推广。

1.1.3 流动儿童的心理发展环境

我国的流动儿童类似于国外的移民儿童。一些研究表明，移民及与移民相关的过程会影响人们的心理健康（不管是成人还是儿童）(Guarnaccia & Lopez, 1998; Hicks, Lalonde, & Pepler, 1993; Stillman, McKenzie, & Gibson, 2009; Leavey et al., 2007)，移民儿童比当地儿童会更多感受到焦虑、抑郁和压力，有更多内化和外化的问题行为(Stevens & Vollebergh, 2008; Mejía & McCarthy, 2010; Kupersmidt & Martin, 1997; Lindert et al., 2009)。另一些研究则表明，移民儿童的心理健康状况并不比当地儿童差，认为移民过程中的种种挫折锻炼了他们的心理素质(Alati et al., 2003; Bhugra, 2004)，移民家庭内部的依恋关系和支持系统也是他们心理健康问题的保护因素(Hackett et al., 1991; Harker, 2001)。此外，国外的研究也报告移民儿童的心理健康存在性别差异(Vollebergh et al., 2005; Bengi-Arslan et al., 1997; Beiser, 2002; Stevens et al., 2003)和年级差异(Bengi-Arslan et al., 1997; Stevens et al., 2003)。我国的研究与国外的研究结果有某些相似之处。

有研究者对我国流动儿童的心理健康现状进行了全面梳理，结果发现流动儿童心理健康的总体水平要低于城市儿童（刘正荣，2006；蔺秀云等，2009；韩煊，吴汉荣，2010）。具体来看，社会认知方面表现为存在歧视知觉（邹泓，屈智勇，张秋凌，2004；方晓义，范兴华，刘杨，2008）、相对剥夺感（邱达明，曹东云，杨慧文，2008；雷有光，2004）和身份认同危机（白文飞，徐玲，2009；郑友富，俞国良，2009）；情绪情感方面表现为情绪不平衡（邱达明，曹东云，杨慧文，2008；袁立新，张积家，苏小兰，2009）、孤独（抑郁）倾向较强（蔺秀云等，2009；胡宁等，2009）和自卑（自责）心理严重（孙维平等，2007；郭良春，姚远，杨变云，2005）；社会化方面表现为社会适应不良（柯锐，2007；胡韬，2009）、人际关系紧张与敏感（袁立新，张积家，苏小兰，2009；胡宁等，2009）、学习适应性较差（刘磊，符明弘，范志英，2010；胡韬，郭成，2007）和问题行为较多（李晓巍等，2008；金灿灿，屈智勇，王晓华，2009；金灿灿，屈智勇，王晓华，2010）；人格特征方面表现为容易形成边际人格（梁拴荣，2006；熊桂琪，2007）和负性人格（王瑞敏，邹泓，2008；陈美芬，2006），等等。然而，导致流动儿童产生这些心理问题的环境因素有哪些，流动儿童面临的宏观发展环境如何，这些是本章探讨的核心问题。

由于城乡文化背景、生活方式、价值观念的差异及户籍制度的限制，流动儿童与城市儿童相比在物质资源、家庭环境、人际网络、教育发展等资源方面处于相对弱势地位。本章以布朗芬布伦纳（Bronfenbrenner，1986）的生态系统理论为基础，系统分析流动儿童的生存现状，明晰他们对生存环境的适应能力和感知能力以及存在的问题和困难，从而为更好地提出具有可操作性的政策建议提供参考依据。具体考察流动儿童的三大发展环境：家庭环境、学校环境和社会环境。在家庭环境方面，介绍流动儿童的家庭社会经济地位、家庭流动性、家庭教育投入状况等;在学校环境方面,介绍流动儿童的入学教育问题、学校硬件和软件水平、师生关系和同伴关系等;在社会环境方面,介绍现行户籍制度与教育公平问题、流动儿童对城市社会环境的感知、城市社会环境对流动儿童的影响等。

心海拾贝

因为流动,孩子们的生活和学习环境都发生了变化,而这种变化是他们必须面对的。现实又存在这样和那样的不如意。面对不如意,他们的生活经历使得他们无法安于现状,也使得他们有着对改变自己命运的憧憬与冲动……

1.2 流动儿童的家庭环境

家庭是流动儿童城市化的初始环境,为流动儿童的社会化提供基础条件。因此,家庭环境也必将深刻影响流动儿童的学习、生活和成长。

1.2.1 流动儿童的家庭社会经济地位

根据布朗芬布伦纳的生态系统理论,家庭是最贴近儿童的微观系统。家庭社会经济地位作为儿童接触到的家庭环境成分之一,是预测个体发展差异的重要指标(Hoff, Laursen, & Bridges, 2012)。家庭社会经济地位是指个人或某一群体在社会中,依据其家庭所拥有的社会资源而被界定的社会位置,常以家庭经济收入、父母的受教育程度和父母的职业为客观度量的主要指标,反映了个体获取现实或潜在资源的差异(Bradley & Crowyn, 2002)。家庭社会资本理论认为不同社会经济地位的家庭带给儿童的资本不同,从而导致儿童在教育与发展机会上的差异。大量研究发现,家庭社会经济地位会影响儿童的认知能力、社会功能与行为等方面的发展(张云运等,

2015；卢珊等，2018）。相比于低社会经济地位的家庭，高社会经济地位的家庭拥有更多的经济资本、人力资本和社会资本用于投资子女的发展(Conger & Donnellan，2007)。较低的家庭社会经济地位会给流动儿童的身体发展、心理发展及学业成就带来一定的负面效应。

首先是流动儿童的家庭经济收入。家庭经济收入会直接影响流动儿童家庭可支配使用的资源，给流动儿童的物质和精神生活带来直接的影响。有研究发现，在24名流动儿童中，有19名流动儿童的家庭月收入在500～2000元，在城市中处于中下水平(申继亮，刘霞，2015)。刘正荣(2006)的研究表明，父母收入水平不同的进城就业农民子女在心理健康总分、学习焦虑、孤独倾向、恐怖倾向等项目上存在显著差异。相对而言，父母收入水平高的进城就业农民子女的心理健康状况要好些，反之则差些。

其次是流动儿童父母的受教育程度。陶红梅等人(2004)的调查显示，流动儿童的父母一般受教育程度较低，平均水平为初中文化程度。"这些孩子的家长很多小学都没有毕业，上过初中、高中的就很少了，所以他们大多数的教育方式不是很对，教育的思想也很简单，自己不会教就把教育的责任全部推给学校，甚至希望学校能够拯救他们的孩子。"这直接或间接地影响了他们对流动儿童的教育投入和课业辅导水平。

最后是流动儿童父母的职业。流动儿童的父母在城市所从事的职业对他们的影响是显而易见的。调查显示，流动儿童的父母所从事的职业工种多样，就业类别基本上属于高强度、低收入的职业(陶红梅等，2004)，其中以个体经营户和体力劳动者居多(申继亮，刘霞，2015)。父母的受教育程度偏低及工作强度大、收益低这样的状况很大程度上影响了父母对孩子在教育和成长方面的时间、精力和财力的投入，这些都直接或间接地影响了流动儿童的生存发展状况。

1　流动儿童的发展环境

此外，流动儿童家庭的子女人数通常比城市家庭多，一般在2个以上，这也给流动儿童的家庭经济支出造成了一定的压力。

1.2.2　流动儿童的家庭流动性

流动儿童的父母在城市工作的不稳定性导致其家庭生活场所经常变动。个体生活场所的变动，一则使得个体不得不去适应新的生活环境，二则使得个体的正常社会化进程被迫中断，从而对其心理发展产生影响。刘正荣（2006）对292名流动儿童的调查显示，已搬过家的流动儿童有226人（约占77.4%），这种生活场所的变动使得流动儿童再次适应新的环境（其初次适应新的环境是从农村来到城市时），其社会化的进程再次被迫中断；无论是生活场所的初次变动，还是再次变动，对流动儿童的心理社会适应都产生了消极影响。陶红梅等人（2004）的调查也表明，环境的时常变迁往往导致流动儿童不易建立与保持良好的人际交往模式和相对稳定的自我认识，人际交往方面被认同、接纳和支持的需要也得不到充分满足，因而他们容易变得敏感，形成紧张的人际关系。

1.2.3　流动儿童的家庭教育投入状况

流动儿童的父母由于自身知识、工作、家庭经济的限制，相比于城市儿童而言教育投入普遍不足。

首先是流动儿童的家庭教育资源匮乏。在家中缺乏专门的学习空间是流动儿童普遍面临的问题，大部分流动儿童没有自己独立的学习空间，学习时易受干扰，学习条件较差（申继亮，刘霞，2015）。正如某打工子弟学校的流动儿童所言："我们家就一间房，睡的是架子床，我爸妈睡下面，我和哥哥睡上面。有一张桌子用来吃饭和放东西，我回来先在那做作业，剩下的地方用来摆爸妈加工器件的机床。"

其次是流动儿童与父母之间的沟通不足。良好的亲子沟通不仅会使流动儿童在心理上产生一种归属感和安全感，而且有助于他们更好地了解自我和社会，促进其社会化的健康发展。调查研究表明，与城市儿童相比，流动儿童与父母沟通状况的得分、与父母沟通的主动性水平、与父母沟通的频率都显著低于城市儿童，感觉到与父母沟通有困难的流动儿童比例也显著高于城市儿童（柯锐，2007）。此外，流动儿童与父母的沟通内容往往比较单调，一般都围绕孩子的学习，缺乏灵活性。例如，在对24名流动儿童的访谈中发现，有23名流动儿童提到家长会经常关心自己的学业情况，如作业是否完成、在校的表现及考试成绩等。这可能与流动儿童父母缺乏沟通技巧，沟通方式不当，大多从事的是没有时间限制、没有固定休息日的工作有关。

最后是流动儿童父母的教辅能力偏弱。流动儿童父母的文化程度普遍偏低，对子女学习的辅导常常心有余而力不足。访谈研究发现，部分流动儿童表达了希望父母能够辅导自己功课的愿望："希望爸爸能帮我补补英语、数学，但是爸爸没学过英语，爸爸妈妈非常关心我，但是我最希望他们能辅导我的作业，可惜他们不会。"部分家长也承认自己无力辅导孩子的功课："功课辅导不了，因为我们都不识字，怎么辅导。就让他自己学，能学到什么程度就学到什么程度。"另外，多数流动家庭无法为孩子提供学校以外的学习资源。

心海拾贝

大多流动儿童都渴望被父母关爱，因为在他们成长的过程中，父母没有因他们的需要而给予他们更多的关爱，所以让本该属于孩子的很多快乐都被生活的艰辛与贫乏无情地剥夺了。在这里，我们感受到了他们的业余生活多么单调、贫乏，他们不仅缺少父母细致的关爱，而且一些父母舍不得花钱购买玩具、课外书或为其提供学校以外的学习和娱乐机会……但我们仍然能从孩子贫寒的生活中看到他们对生活充满期待,他们在追求、寻找属于自己的快乐!

1.3 流动儿童的学校环境

学校环境与流动儿童的成长关系密切。流动儿童由于跟随父母进入城市生活,外部环境发生了巨大的变化。面对陌生的学校环境、陌生的老师、陌生的同学及与原有的人际关系网断裂的情况,流动儿童在学校适应性方面面临着一定的困难和挑战。

1.3.1 流动儿童的入学教育问题

首先是流动儿童在城市的入学难易程度。接受教育是每个适龄儿童的基本权利。让孩子能适时入校读书,也是每个父母的心愿和责任。因此,改善流动儿童的入学状况,保障其入学权利,是解决流动儿童义务教育问题的第一步。在流动儿童入学的问题上,国家最初采取了"限制"流动的态度,允许流入地的公立学校接收流动儿童,但要收取借读费。到2003年,《关于进一步做好进城务工就业农民子女义务教育工作的意见》提出了"两为主"政策(以流入地政府为主负担流动人口子女入学,以全日制公办中小学为主进行接收),要求流入地政府负责解决流动儿童的入学问题,收费也要一视同仁,也就是取消了借读费。在政策的鼓励下,越来越多的流动儿童家长将孩子送进正规的公立学校。有调查发现,北京市有六成以上的流动儿童在公立学校就读(申继亮,刘霞,2015)。综合来看,不断改进的政策已经让更多的流动儿童能够享受到较好的学校教育资源,但在增加招收名额方面,还需继续改善。

其次是流动儿童在城市的就读学校类型。虽然国家出台文件要求以全日制公办中小学为主接收流动儿童在城市入学,但由于流动儿童家庭的经济条件、居住地及流入地义务教育资源的限制,相当数量的流动儿童仍然只能在打工子弟学校就读。选择送孩子到打工子弟学校，父母考虑的原因大概有三类：一是打工子弟学校离家比较近，入校的手续简单；二是流动儿童家庭交不起公立学校的赞助费或相对较高的学费；三是公立学校的入学名额非常有限（申继亮，刘霞，2015）。

最后是流动儿童在城市的升学问题。多数流动儿童有继续求学的美好愿望，但由于户籍的限制，他们必须回老家参加中高考才有机会升学，并继续自己的学业。特别是一些年龄稍大的流动儿童更加担忧自己的升学问题："打算回老家考高中，在这考没有学籍。""我最担心的事情，就是不能在这里上高中。"此外，部分流动儿童觉得升学无望或学习无用，在学校表现出厌学或者学习不积极的消极状态，这一现象在打工子弟学校尤为突出。

1.3.2 流动儿童的学校硬件和软件水平

教育资源是指流动儿童拥有的与教育相关的硬件和软件方面的数量和质量。学校教育资源是流动儿童在校学习的保障。

首先，流动儿童所在的打工子弟学校的办学条件堪忧。诸多对流动儿童受教育状况的调查研究表明，这些打工子弟学校大部分因为办学资金短缺、办学条件简陋、教学设施缺乏、师资力量不足而没有获得合法的办学资格；学校教师大部分工资水平偏低，具有较大的流动性，这就在一定程度上影响了教师教学的主动性和积极性，因而也可能造成对学生的身心成长和全面素质的提高关心不够或者心有余而力不足，尤其表现出忽视学生的心理成长（陶红梅等，2004）。有学者（刘正荣，2006）曾这样描述打工子弟学校的办学条件："从整体来看，流动儿童学校的现状令人担忧。在硬件设施的建设、师资队伍、教学和管理等方面基本都合格的流动儿童学校为数不多，几乎所有的流动儿童学校都存在或多或少的问题。"由此可见，大多打工子弟学校令人担忧的办学条件不利于流动儿童的身心健康发展。

其次,流动儿童对打工子弟学校的满意度不高。与公立学校和混合学校相比,在打工子弟学校就读的流动儿童对学校的满意度较低,想转学的人数也较多。这可能是由于大多打工子弟学校在校园环境、学习资源和师资水平等各方面都不如公立学校和混合学校,大多流动儿童感到学校资源不能满足自己的需要,从而对学校不满意,希望转到条件较好的学校。同时也应该看到,相对于辍学而言,学校仍然是流动儿童最愿意待的地方,从而有可能成为流动儿童避免城市适应不良的天然屏障和享受教育公平的社会平台。

最后,流动儿童参加兴趣班的机会偏少。大多流动儿童的课余生活远没有城市儿童丰富。由于各种条件的限制,他们除了与小伙伴们一起玩耍外,很少有其他的课余活动和业余爱好。只有一部分流动儿童能够参加收费较高的兴趣班。不仅如此,大部分流动儿童在课余时间要帮父母做家务,如准备全家人的三餐、洗衣服等;甚至有一些流动儿童需要早起晚睡,帮父母做工打杂。可见,大多流动儿童不仅课余生活贫乏,而且还承担着一些体力劳动和生活压力,这对流动儿童的学校教育提出了更高的要求。

1.3.3 流动儿童的师生关系和同伴关系

师生关系和同伴关系是学校生活的重要组成部分,既是促进流动儿童适应学校的资源,也是流动儿童学校适应水平的重要体现。

首先是流动儿童的师生关系有待加强。教师是流动儿童学校生活中的重要他人,是流动儿童学校生活中重要的社会支持源。有研究从师生关系的亲密性、冲突性、支持性和关系满意度四个方面进行调查,结果发现约60%的流动儿童对师生关系是满意的,公立学校流动儿童的师生关系相对较好,打工子弟学校流动儿童的师生关系相对较差，约 1/3 的流动儿童感觉自己没有受到教师的公平对待（申继亮，刘霞，2015）。这提示我们应有针对性地引导流动儿童学校的教师转变观念，加强对流动儿童的公平对待和关爱。

其次是流动儿童的同伴关系有待改善。良好的同伴关系不仅能使流动儿童与同伴愉快相处，还能使他们与同伴分享快乐和悲伤，从中获得情感支持和群体归属感。访谈研究发现，流动儿童在城市中因户籍制度和流动性大而导致入学难的问题普遍存在；歧视现象普遍存在，流动儿童感受最强烈的是同伴交往中的歧视，有流动儿童认为"他们有时瞧不起我们，不和我们玩"（张秋凌，屈智勇，邹泓，2003）。调查研究显示，混合学校和公立学校中流动儿童的同伴关系比打工子弟学校要好，"平等接纳"是流动儿童与城市儿童共同的心声（申继亮，刘霞，2015）。可见，流动儿童渴望与城市儿童进行平等交流，渴望在同伴群体中被接纳。与此同时，不少流动儿童也有"低人一等"的阴影，他们有一定的自卑感、受歧视感和对城市儿童的敌意。这些都提示我们应高度重视流动儿童的同伴关系，有针对性地开展团体辅导和干预。

心海拾贝

迁徙似乎也是新的契机，主要体现在以下方面。

第一，尽管流动儿童的生活条件比城市儿童差，但大部分流动儿童在城市生活中开阔了视野，他们能够更多地接触新鲜事物，增长见识，对美好生活产生更强烈的向往。

第二，城市的教育水平相对来说要高于流出地学校，流动儿童大多反映城市教师的教学水平、学校硬件设施等各方面都优于原来的学校，这也促进了流动儿童的学习动机、学习兴趣的提高及学习方法的改进，并为其文体特长的发展提供了机会。

第三，来到城市后，流动儿童的人际交往范围进一步扩大，在与不同地域文化的不断碰撞、融合中，流动儿童的人际交往能力和沟通能力得到了发展。

第四，流动儿童随父母一同迁徙到城市，有利于形成密切的亲子关系，改善家庭功能，促进流动儿童的心理健康；同时也保证了父母对流动儿童的监管，减少了留守可能导致的危险因素。

1.4 流动儿童的社会环境

良好的社会环境可以塑造人，会在潜移默化中影响流动儿童的成长。流动儿童来到城市后，对城市社会环境的感受是怎样的？这种环境的变化具体对他们产生了怎样的影响？下面我们来具体探讨。

1.4.1 现行户籍制度与教育公平问题

第一是现行户籍制度的影响。按照我国目前的户籍管理制度，流动儿童随父母到流入城市生活，但在户籍上仍然属于农村人口，这种双重身份使得他们不但在升学、就业等方面不能享受到与城市儿童同等的权利与保障，而且可能还会遭受社会排斥及不公正待遇。

第二是教育机会上的不平等。首先表现为入学机会的不平等。大部分流动儿童由于政策或经济的原因，只能就读于打工子弟学校，而这类学校的硬件设施、师资队伍和教学质量都明显差于城市公立学校。其次表现为入学后教育机会的不平等。例如，借读生与正式生在教育机会上存在差异(李宁，2008)。

1.4.2 流动儿童对城市社会环境的感知

首先是对城市生活环境的感知。流动儿童的生活环境有其特殊性，一方面他们生活在城市，在耳闻目睹中感受到城市的气息；另一方面他们大多居住在环境较差的城乡接合部，或者市区外来务工人口聚居的"城中村"，很难融入城市。虽然流动儿童一般认为城市在空气质量、自然环境、玩耍的多样性和住房条件上都不如老家，但绝大多数流动儿童愿意留在城市。喜欢城市的原因有多种，主要包括城市的人文环境比较好、经济发达、生活便利、学校条件好、可以增长见识等(申继亮，刘霞，2015)。

其次是对社会支持的感知。大部分流动儿童反映自己家里遇到困难时得到了别人的帮助，其中近一半的流动儿童提及最重要的社会支持源是亲戚和老乡，"当有人生病时，他们会过来看望或者借钱给家里"。也有部分流动儿童提到得到了房东、邻居和老师的帮助(申继亮，刘霞，2015)。此外，也有部分流动儿童认为在城市能够得到的社会支持相比于老家减少了。

最后是对城市居民态度的感知。流动儿童离开自己的家乡，来到一个陌生的城市，此时在他们的城市生活中，周围人尤其是城市居民对他们的态度往往会决定其能否形成对自己、对他人和对社会的正确看法，从而直接影响其健全人格的形成。陶红梅等人(2004)的研究表明，城市与农村环境之间的差异、城里人对流动人口的态度在一定程度上会影响流动儿童在城市生活的心理和文化适应。曾守锤(2008)关于城市家长对流动儿童入读公办学校的态度调查显示，城市家长对流动儿童入读公办学校整体上持中立且稍微偏积极的态度，有近三分之一的家长持消极的态度，而且这种态度不受调查对象的家庭社会经济地位、户籍、子女的性别等因素的影响。总体来看，流动儿童遭受城市居民欺负或歧视的现象并不严重，公立学校中的流动儿童绝大部分没有遭受过城市儿童的欺负或歧视，打工子弟学校的流动儿童中只有1/3儿童有过受欺负或被歧视的体验(申继亮，刘霞，2015)。

1.4.3 城市社会环境对流动儿童的影响

从积极的影响来看，由农村进入城市生活可以增长流动儿童的见识。通过对家长的访谈发现，他们认为来到城市后，对流动儿童最有利的影响是可以增长见识，接触的事物更多，他们变得胆子更大了，表达能力更强了。"毕竟是首都，见识多一点。现在她比在老家见识的要多得多，这个学校有好多省的人，说话、生活习惯都不太一样。""变得胆子大了，也敢说话了。接触的人比较多，同学来自全国各地。"

从消极的影响来看，接触的事物增多也可能会让流动儿童变得不再单纯。通过对教师的访谈发现，不少教师反映与老家的孩子相比，流动儿童的思想更加复杂，不如老家的孩子单纯；他们可能会受到网络、影视和周围同学的影响，容易形成一些不良习惯，结交一些不良同伴。"我们现在还是小孩，有些不好的东西也随着社会的发展进入了我们的思想，可能影响我们的学习，使我们变得没有以前单纯了，想的东西过多。"

总之，社会环境对流动儿童的影响是多方面的，既有积极的影响也有消极的影响。在城市里见多识广，更加自信、大胆，善于表达自己。但同时可能会思想逐渐变得复杂，过早社会化，容易染上一些不良习惯等，需要教师和家长正确引导。

心海拾贝

打工者常随着工作的变动，"家"也得搬走，依赖父母生活的流动儿童就得随时转学、插班。如果条件往"好"里变，他们是欣喜的；如果往"差"里变，他们在心里就会形成一定的落差，就需要相当长的时间来适应和改变。这也势必影响他们的生活和学习，但这对于他们来说都是不可回避的。

家庭的贫困导致大多流动儿童只能就读于打工子弟学校。还有特殊原因造成的更困难的家庭，像单亲家庭、有病人的家庭及失去双亲的孩子，他们能上打工子弟学校就已经非常不容易了。他们都是需要被关注的人群。

一名流动儿童生动地描述了自己所在的打工子弟学校与家乡学校的差异。从这个差异里，我们看到了这所学校教师资源的不足，以及教师的教学和学生的学习态度等多方面的问题。面对这些问题，又怎么能让孩子看到未来和希望？为此，我们呼吁全社会都来关注流动儿童的生活。

本章小结

1. 流动儿童是指 6～18 周岁随父母或其他监护人在流入城市暂时居住半年以上，具有农村户籍，且在当地学校就读的儿童青少年。流动儿童的筛选标准为：①6～18 周岁；②父母没有任何一方去世；③父母没有离异；④儿童自身没有残疾；⑤父母为农民工，户口在农村老家；⑥非城市出生；⑦随父母来城市暂时居住半年以上。

2. 流动儿童的发展环境主要包括家庭环境、学校环境和社会环境。

3. 在家庭环境方面，流动儿童的家庭社会经济地位偏低，家庭流动性较大，家庭教育投入不足。

4. 在学校环境方面，流动儿童在城市的升学存在一定的困难，学校硬件和软件水平参差不齐，师生关系和同伴关系有待改善。

5. 在社会环境方面，现行户籍制度与教育公平问题仍未得到根本解决，流动儿童对城市社会环境的整体印象良好，城市社会环境对流动儿童的影响有积极方面也有消极方面。

2 流动儿童的心理健康现状

小凯是一名流动儿童，经常无缘无故地打人。小威过生日，小威的妈妈买了蛋糕请老师和小朋友一起给小威过生日。午睡过后，老师组织大家坐在自己的椅子上等待给小威过生日，老师让小威拿着椅子到前面来，当小威走到小凯的位置时，小凯伸出腿绊小威，小威差点摔倒；还有课间操期间，小凯大多数的时间都在模仿动画片中人物的动作，还故意用手掌或拳头碰周围的小伙伴。(文中人物为化名。王静，2016)

从以上案例中，我们可以看到流动儿童的心理健康面临的挑战。流动儿童的心理健康状况需要我们密切关注。

2.1 心理健康的概念与标准

比尔斯(Beers)在20世纪初第一次提出了心理健康的概念，随后他积极倡导心理健康运动，并在1908年成立了世界上首个心理卫生组织——康涅狄格州心理卫生协会。心理健康方面的研究经过长期的发展已深入多个领域，但对心理健康概念的界定仍然没能达成统一意见，不同领域的研究者对心理健康的概念仍有不同的看法。

世界卫生组织曾提出，心理健康是指个体没有心理疾病、社会适应良好、有完整的人格、心理潜力充分发挥。2001年，世界卫生组织重新定义了心理健康，认为心理健康是一种健康或幸福的状态，这种状态有助于个体实现自我、应对生活压力、工作富有成效且有能力贡献社会。1946年，第三届国际心理卫生大会对心理健康的定义进行了探讨，认为心理健康是指在与他人的心理健康不矛盾的情况下，在身体、智能、情感方面将个人心境保持至最佳状态（田宏碧，陈家麟，2003）。《大美百科全书》(1994)指出，心理健康是指心理上感受到幸福和对周围事物的充分适应，特别是人际关系。该定义主要强调人的社会功能和由此带来的幸福感。社会学家波姆（Boehm）也发表了类似的观点，他认为，心理健康是符合某一标准的社会行为，且这种行为能被社会接受，也能给自己带来快乐的情绪体验（张帆，2013）。日本学者松田岩男（1982）将心理健康定义为个体在感知内部环境安定的同时，还要以一种社会能接受的形式适应外部环境，是两者相互协调统一的状态。

可见，不同的学者对心理健康持有不同的观点、立场及出发点。但总的来说，心理健康的概念包含两层含义（刘玉姣，2018）：一是指没有心理疾病；二是指心理状态稳定，能及时积极地调整心态以适应环境。因此，心理健康是一种相对持续的稳定的心理状态，在这种状态下，人具有生命的活力、积极的内心体验、良好的社会适应，能有效发挥自我的潜力和社会功能。

心理学家对心理健康概念的界定不统一，因此制定的心理健康标准也存在差异。例如，美国心理学家马斯洛和米特尔曼提出了心理健康的十个标准：①充分的安全感；②能充分了解自己，并对自己的能力做适当的评价；③生活目标切合实际；④与现实环境保持接触；⑤能保持人格的完整与和谐；⑥具有从经验中学习的能力；⑦能保持良好的人际关系；⑧适度的情绪表达与控制；⑨在不违背社会规范的条件下，对个人的基本需要做恰当的满足；⑩在集体要求的前提下,较好地发挥自己的个性。1946年,第三届国际心理卫生大会提出了心理健康的四个标准:①身体、情绪及智力调和;②适应环境,具有良好的人际关系;③有幸福感;④在工作和生活中,能充分发挥自身能力并具有较高效率(李媛,2012)。美国心理学家奥尔波特(1937)提出了心理健康的七个标准:①具有客观认知自我的能力;②具有客观感知现实的能力;③有安全感并能接纳自我;④具有持续扩展自我的能力;⑤具有对别人表示同情、亲密或爱的能力;⑥以问题为中心并发展出问题解决的技术和能力;⑦具有统一的人生哲学。

可见,心理健康的标准涉及范围较广,包括认知、情绪、人际等多方面。具体而言,心理健康的个体应对自我有正确的认知,有良好的人际交往能力、较强的社会适应能力、积极乐观的心态,情绪相对稳定,以及具有健全的人格与坚强的品质(刘玉姣,2018)。

2.2 流动儿童的心理健康问题

虽有许多研究者投身于心理健康的概念探讨和实证研究,但是心理健康问题仍没有得到解决,它依然是我们关注和探讨的重点,如流动儿童的心理健康问题。

自从1998年发布的《流动儿童少年就学暂行办法》提出流动儿童的概念以来,我国经济高速发展,城市化进程加速发展,流动人口的规模不断扩大,流动人口由单一流动逐渐过渡到家庭化流动,流动儿童的数量急剧上升,如何保障流动儿童的心理健康发展已经成为多学科研究者共同关注的重要课题。目前国内对流动儿童心理健康状况的研究结果比较一致,普遍认为流动儿童的心理健康状况差于城市儿童(熊猛,叶一舵,2011)。例如,朱丽娜(2008)在对流动儿童的调查中发现,流动儿童的心理健康水平整体上低于城市儿童。

蔺秀云等人(2009)的研究表明,流动儿童、北京儿童和农村儿童在心理健康水平上存在显著差异。韩煊和吴汉荣(2010)关于深圳市流动儿童的研究显示,流动儿童的心理健康状况差于常住儿童。

具体而言,流动儿童的心理健康问题可以分为三类(熊猛,叶一舵,2011):①有偏差的社会认知,如歧视知觉、相对剥夺感、身份认同危机;②消极的情绪情感,如心理不平衡、抑郁倾向较强、自卑心理严重;③问题行为,如社会适应不良、人际关系紧张与敏感、学习适应性较差、问题行为较多。

2.2.1 有偏差的社会认知

社会认知是指个体对他人、自我、社会关系、社会规则等社会性客体和社会现象及其关系的感知、理解的心理活动。社会认知的内容十分广泛,从其对象看,社会认知包括对自己、他人、社会关系(权威、友谊、公平等)、社会群体、社会角色、社会规范和社会生活事件等的认知;对人的认知具体包括认识人的情感、意图、知觉、思维、态度、动机、行为等(庞丽娟,田瑞清,2002;Flavell,1977;方富熹,1986)。

儿童的社会认知发展有五个主要特点:①儿童的社会认知发展是一个逐步认识并区分社会性客体的过程;②儿童的社会认知发展的核心体现是观点采择能力的发展;③儿童社会认知不同方面的发展不同步、不等速;④儿童的社会认知发展具有认知发展的普遍规律,但不完全受认知发展的影响;⑤儿童的社会认知发展与社会交往密切相关(庞丽娟,田瑞清,2002)。

1. 歧视知觉

歧视知觉主要指个体知觉到由于自己所属的群体成员身份(种族等)而受到有区别的或不公正的对待,是相对于客观歧视而言的一种主观体验(Major, Quinton, & McCoy, 2002; Pascoe & Richman,

2009；Tom，2006)。个体对歧视的知觉能准确地反映客观现实,因为只有当遭受歧视的可能性极大时,才会知觉到他人的歧视(Ruggiero & Taylor，1995)。

农民工较多从事一些门槛较低的工作,因此跟随他们一起生活在大城市的子女,可能会经常遭到他人的歧视(刘霞,2008),如结构性歧视(如消费排斥、社会关系排斥、文化排斥)(张秋凌,屈智勇,邹泓,2003；任云霞,2006)。

大部分流动儿童报告在日常生活和学习中受到过歧视(方晓义,范兴华,刘杨,2008)。11.5%的流动儿童表示"非常担心"城市儿童看不起自己,23.1%的流动儿童表示"有点担心"(胡进,2002)。有研究统计了流动儿童是否向家长抱怨受到过歧视的情况,结果发现,24.7%的流动儿童抱怨过城里人看不起他们,29.3%的流动儿童有点担心城里人看不起他们；打工子弟学校的流动儿童比普通公立学校的流动儿童更加担心被人看不起(邹泓,屈智勇,张秋凌,2004)。近80%的流动儿童表示,不愿意将来过父母现在的生活,其主要原因是被人瞧不起,这说明流动儿童已经明显感受到了由此导致的不平等待遇(雷有光,2004)。

较高水平的歧视知觉不仅会降低流动儿童的价值感水平,也会增加其社交焦虑、孤独感、抑郁等负性情绪体验(刘霞,申继亮,2009,2010a；蔺秀云等,2009),使其变得退缩、不自信,甚至对周围人、对社会产生敌意。歧视知觉可以直接影响心理健康水平,也可以通过其他心理变量(如应对方式和自尊)的中介作用来影响心理健康水平(蔺秀云等,2009)。此外,较高水平的歧视知觉还会降低流动儿童的社会文化适应能力(范兴华,2012)。如果流动儿童的歧视知觉问题得不到及时解决,不引导他们正确对待所受到的不平等待遇,很可能会导致他们产生抵触社会的心理,不利于他们的健康成长(刘霞,2008；申继亮等,2009)。

2. 相对剥夺感

相对剥夺感，指个体或群体通过与参照对象进行横向或纵向的比较，而感知到自身处于不利地位，进而体验到愤怒和不满等负性情绪的一种主观认知和情绪体验(熊猛，叶一舵，2016)。流动儿童跟随父母不断地转移，成长环境不稳定，心理发展容易受到影响。他们在自我认同的过程中较难恰当地定位，一旦把城市儿童作为参照物，并且与之比较，就会容易认为自己应该得到的利益失去得太多，在心理上产生主观的相对剥夺感。流动儿童的相对剥夺感主要表现为敌对、心理不平衡和不公平感等(熊猛，叶一舵，2011)。

流动儿童的相对剥夺感处于中等水平，且群体相对剥夺感水平显著高于个体相对剥夺感水平。流动儿童的相对剥夺感水平呈现出随着年龄的增长而逐渐升高的发展趋势，初中流动儿童的相对剥夺感水平显著高于小学流动儿童。13～14岁是一个缓冲期，而14～15岁是一个加速期。非独生流动儿童的相对剥夺感水平显著高于独生流动儿童。流动儿童的相对剥夺感水平呈现出随着流动时间的推移而逐渐降低的发展趋势，但是不同流动时间儿童的相对剥夺感水平并不存在显著差异。流动儿童的相对剥夺感会随着流动性的增强而逐渐增强(熊猛，2015)。

相对剥夺感是影响流动儿童心理健康的重要因素，主要体现为以下几个方面。第一，相对剥夺感对流动儿童的主观幸福感和自尊有显著的负向预测作用。高相对剥夺感水平流动儿童的内隐自尊水平显著低于低相对剥夺感水平流动儿童。第二，相对剥夺感对流动儿童的攻击性行为和社会退缩行为具有显著的正向预测作用。第三，相对剥夺感显著地负向预测流动儿童的认同整合和团体归属感(叶一舵，赵巾慧，丘文福，2018)。高相对剥夺感水平流动儿童的内隐外群体偏好水平显著高于低相对剥夺感水平流动儿童(熊猛，2015)。第四，相对剥夺感会影响流动儿童的家庭关系和学校适应。相对剥夺感与家庭亲密度之间存在显著负相关,相对剥夺感越强,流动儿童的家庭亲密度越低;相对剥夺感对流动儿童的学校适应有显著的负向预测作用,流动儿童体验到的相对剥夺感越强,其学校适应情况越差(叶一舵,罗晗颖,沈成平,2017)。

3. 身份认同危机

英国经验主义哲学家约翰·洛克(John Locke)认为,"身份之所以必要,是因为它是道德责任的基础"。

社会身份认同是指个体认识到他属于一个(或多个)特定的社会群体,同时也认识到群体身份带给他的情感和价值意义(Tajfel,1978)。流动儿童的身份认同危机主要体现在他们对其自身身份认识的模糊性上。无论是主观的自我身份认同,还是客观的社会定位,都表明流动儿童的身份认同陷入了一种进退两难的尴尬状态(白文飞,徐玲,2009)。

流动儿童对农村人身份的认同感可能较为模糊,少数流动儿童认同农村人的身份,也有部分流动儿童不再认同农村人的身份,但大多数的流动儿童对社会身份的认同还处于不确定的状态(刘杨,方晓义,2011)。许多流动儿童对于"自己是哪里人"这样一个问题而深陷困扰,难以鉴明自己的身份(冯帮,2011)。大多数流动儿童并没有完全地倾向于农村人的身份或者城市人的身份(李思南等,2016)。七成以上的流动儿童喜欢和城市儿童一起玩,但又不愿意让别人知道自己的流动人口身份。可见,农村人的身份已对他们的身心造成一定程度上的困扰(北京市流动儿童就学及心态状况调查课题组,2006)。

总的来说,一方面,受户籍身份的影响,流动儿童并不认同自己是城市人,而是农村人和外地人。另一方面,由于长期在繁华热闹的城市生活、学习与居住,受城市文化和生活方式的熏陶,他们对于农村文化的感受与印象并不是很深,对农村的认同感也在减弱。他们虽然身处城市,却不是城市里的人;同时又远离农村,不再是完全意义上的农村人,从而成为处于城市和农村之间的"夹缝者"与"边缘人"(熊猛,叶一舵,2011)。

4. 启示与建议

影响流动儿童社会认知的因素包括环境因素(如家庭社会经济地位)、社会支持(如教师和同学的支持)、群体凝聚力(如班级凝聚力)等(刘霞,申继亮,2010b)。

改变流动儿童社会认知上的偏差并非一朝一夕之事,需要国家、学校、家庭和个人的共同努力。国家可以推进户籍制度改革,创造公平的制度环境。现行户籍制度是城乡资源享有权的凭证,是城乡二元社会的分割基础,也是社会身份的象征。消除在这种社会结构上所建立的身份分类,毫无疑问要进行户籍制度改革,尽快建立城乡统一的户籍制度,让流动儿童能真正享有与城市儿童同等的各种公共社会服务,从而使他们消除在心理和身份距离上的隔阂,以平等的身份入学就读,并进一步获取城市社会的接纳和认同。此外,从法律及相关制度上也应给予流动儿童有效的支持。学校可以完善教育行政管理与服务。学校承担着社会化、社会稳定、社会参与等多项功能,是流动儿童主要的学习与活动场所。学校要在流动儿童城市融入过程中发挥应有的作用,务必坚持"以生为本",改善学校对流动儿童的管理方式、管理理念,深入贯彻人性化的管理方针,对流动儿童的管理做到从规制式向引导式的转变。在微观的学校教学管理过程中,作为教育过程参与主体之一的教育工作者应对流动儿童格外关心,不论学生的家庭背景、教养程度及学习成绩好坏都应一视同仁。此外,还可以加大群体间的互动频率。城市居民对流动儿童的偏见与歧视,往往源于这两个群体间的误解与隔离。所以,一方面国家应充分发挥舆论的导向作用,减少大众媒介对流动儿童消极负面的报道及宣传。流动儿童与城市居民在同一城市空间生活,两个群体之间要相互信任和相互帮助,在心理上接纳和认同彼此。

另一方面国家还应采取各种活动方式，促进城市居民与流动儿童及其父母间的交往互动，以拉近彼此的距离，加深彼此的了解，改善两者之间的人际关系，促进群体间的相互融合。

心海拾贝

从农村来到城市意味着：从一个熟悉的地方进入一个陌生的地方，从一个熟悉的群体进入一个陌生的群体。新地方总是充满着未知，流动儿童虽然对未来充满期待，但是来到城市之后，他们原有的生活方式、人际交往方式、世界观都面临着挑战。这个变化来得如此突然、巨大，让多数流动儿童无所适从。

然而随着时间的流逝，流动儿童逐渐熟悉城市的环境，城市人慢慢地接纳了流动儿童这个新成员，两者之间的隔阂最终会被打破，最后他们相互融入、彼此认同。

2.2.2 消极的情绪情感

当我们与别人交往时，无论是否面对面，都在不断地表达情绪。我们观察和判断别人表情的同时，别人也正在这样做。我们的表情正为我们交往的人提供刺激，他对这些刺激依次做出反应——观察、判断、分类，然后或许做出一些"应答性"表现。但做出的识别反应，不是针对表情本身，而是针对其背后的含义。流动儿童的情绪情感问题主要表现为心理不平衡、抑郁倾向较强和自卑心理严重（熊猛，叶一舵，2011）。

1. 心理不平衡

流动儿童可能会表现出不同程度的心理不平衡现象。陶红梅等人（2004）对北京 415 名打工子弟学校的流动儿童（初中生）和 230 名公立学校的流动儿童（初中生）的心理健康状况进行了考察，结果发现，打工子弟学校的流动儿童存在轻度的心理健康问题，心理不平衡是主要的心理问题之一。公立学校的流动儿童在心理不平衡方面的得分显著高于打工子弟学校的流动儿童和公立学校的当地儿童（邱达明，曹东云，杨慧文，2008）。袁立新等人（2009）的调查也表明，公立学校与打工子弟学校的流动儿童都表现出较多心理不平衡的问题，打工子弟学校的流动儿童表现得更为严重。由此可见，流动儿童的心理不平衡现象已经较为严重，而且相对普遍，是影响流动儿童心理健康的重要因素之一。

2. 抑郁倾向较强

抑郁是个体适应社会的重要指标，是个体认识到其期望达到的和实际达到的社交网络模式存在差距而产生的不愉快的情绪体验（Perlman & Peplau, 1982）。一般人群的重度抑郁发病率为 3%～5%，轻度抑郁等其他抑郁状态者的数量是重度抑郁者的数倍。周皓（2008）利用在北京市某区进行的流动儿童教育问题跟踪调查的数据分析了流动儿童的心理状况。结果发现，在本地常住儿童、公立学校流动儿童和打工子弟学校流动儿童这三类儿童中，打工子弟学校流动儿童的孤独感或抑郁感是最强的。

从农村或乡镇迁移至大城市，大多流动儿童面临着巨大的城市适应压力，容易出现抑郁。一方面，流动儿童面临着城乡文化背景、生活方式、价值观念的巨大变化。由于语言、综合知识、生活习惯等方面的原因，流动儿童可能会受到城市儿童的排斥和歧视，不善于交往、朋友少的现实更使许多流动儿童因常常感到"我没有一个好朋友"而陷于抑郁的情绪之中；也有部分流动儿童常常认为别人感兴趣的东西对他们来说没什么意义，自己被排除在群体之外，处于孤立无援、无人理解的境地。另一方面，流动儿童还面临着制度与非制度双重歧视带来的压力。在这些压力之下，流动儿童比城市儿童更容易感到孤独和抑郁（周皓，2010；袁晓娇等，2012；孙维平等，2007）。总的来说，流动儿童的抑郁产生的原因是多方面的，且流动儿童的抑郁水平要高于城市儿童。

3. **自卑心理严重**

自卑是指个人由于某些生理缺陷、心理缺陷或其他原因而轻视自己，认为自己在某些方面不如他人的情绪体验。阿德勒认为每个人都有先天的生理或心理缺陷，这就意味着每个人的潜意识中都有自卑感存在。随着人的发展，个体在社会化的过程中原有的自卑感不断得到补偿，新的自卑感又不断产生。如果处理得好，人就会不断超越自卑，寻求优越感，达到人格的完善；如果处理得不好，自卑就容易销蚀人的斗志，让人一蹶不振。长期处于自卑中，会使心理失去平衡，甚至诱发生理失调和病变。中国儿童少年基金会2005年的抽样调查结果显示，14周岁以下的流动儿童总数高达1834万人，如今的流动儿童总数早已远远超过10年前，同时这一比例还在不断增加，流动儿童所面临的各种社会问题也日益突出（卢金苗，2017）。

流动儿童生活在城市，但又不同于普通的城市儿童。特殊的家庭背景，使他们在心理上可能经历着其他同龄人不曾经历过的压力和挣扎。对我国流动儿童状况进行的调查结果显示，有近四分之一的流动儿童因受他人歧视而感到自卑，进而导致性格内向，不愿意与他人（如同学和老师）沟通（何桂宏，2008）。有的认为自己在学习上先天不足，常常抱怨自己无能；有的由于自己的家庭条件比城市儿童差，自认为"低人一等"；更有甚者，认为自己无任何可取之处（孙维平等，2007）。

可见，自卑对人的心理发展的影响较大。妥善地解决流动儿童所面临的自卑问题已经成为社会发展过程中需要被关注并付诸行动解决的社会问题。

4. **启示与建议**

流动儿童产生不良情绪的原因有多种，如歧视知觉（方晓义，范兴华，刘杨，2008)、信任知觉(边玉芳，梁丽婵，2013)、家庭因素和社会支持(王薇等，2010)、人格特点(王瑞敏，邹泓，2008)等。

国家应加大宣传力度，提高流动儿童的父母对教育重要性的认识。流动儿童的父母应从仅仅关注孩子的物质需求向关注孩子情感和爱的需求转变，成为孩子成长的重要情感支持，促进孩子的身心健康发展。流动儿童的父母普遍认为，爱孩子就是为孩子提供优质的物质生活，希望孩子进入更好的学校，享受优质的教育资源。但流动儿童更希望得到父母的关注，很多流动儿童早期都有亲子分离的留守经历，到城市后父母又拼命工作，忙于生计，常常忽略他们的心理需求。国家应多宣传家庭教育和亲子关系的重要性，让流动儿童的父母认识到家庭教育对孩子的重要性，关心孩子的喜怒哀乐，让孩子在温暖、自由、快乐的家庭环境中健康成长。

学校应构建和谐的校园文化，关注流动儿童的心理健康发展，及时开展心理辅导，形成有利于流动儿童身心健康发展的教育环境。乐观开朗、积极进取、坚韧不拔等个性心理品质对人的健康成长和事业成功起着重要作用。学校应重视通过心理健康教育培养流动儿童良好的个性品质。目前我国大部分中小学开展了心理健康教育，而有的中小学(尤其是流动儿童较多的民办学校)尚没有心理健康教育专职教师。因此，我国的中小学尤其是流动儿童比较多的学校应设立心理辅导中心，定期开展心理健康教育，增强流动儿童承受挫折、适应环境的能力，并对少数有心理困扰或心理障碍的流动儿童进行咨询和辅导。同时，应把心理健康教育渗透到学校教育的全过程，除了运用相关的课堂教学内容进行教育之外，更重要的是开展多种形式的活动和辅导，建立学校教育与家庭教育的沟通渠道，形成有利于学生身心健康发展的教育环境。

心海拾贝

流动儿童无比渴望他人能够理解自己，顾及自己的感受，但大多数面临的现实是：他们来到一个新的环境中生活，对这里的一切都不熟悉；父母要忙于工作，并没有太多的时间和精力来和他们沟通；由于生存环境、文化等的差异，这里的同学可能不能很好地接纳他们。流动儿童得不到他人的及时关注，负面情绪得不到缓解。这可能会让原本快乐无忧、活泼可爱的孩子逐渐变得消沉、自卑，积累了大量的负面情绪而无从诉说、无处宣泄。如果流动儿童得到了来自他人的关注、理解，不良的情绪得到了宣泄，那么他们可能就会变得积极乐观，在困难面前变得更勇敢、自信。

2.2.3 问题行为

问题行为又称行为问题，指个体表现出的妨碍其社会适应的异常行为(林崇德，杨治良，黄希庭，2003)。有研究者(Achenbach, McConaughy, & Houell, 1987)把儿童的问题行为分为两类：内化问题行为与外化问题行为。前者指焦虑、抑郁、孤僻、退缩等情绪问题，后者指攻击反抗、违纪越轨、过度活动等行为问题。问题行为会阻碍儿童个性、社会性的发展，对其身心健康十分不利。问题行为可以是普通的不良行为，也可以发展为反社会行为(李晓巍等，2008)。

流动儿童正处于身心发育和接受教育的重要时期。从农村到城市的转变，使得一些流动儿童不能较好地融入城市生活，容易出现问题行为(刘艳丽，2007)。发生的问题行为主要包括以下类型：过失型、品德不良型、压抑型和攻击型。其中过失型问题行为最为严重(左其沛，1990)。

总的来说，可以从社会适应不良、人际关系紧张与敏感、学习适应性较差等方面对流动儿童的问题行为进行探讨和总结。

1. 社会适应不良

社会适应是社会环境发生变化时，个体的观念、行为方式随之改变，以适应所处的社会环境，使个人独立处理日常生活与承担社会责任达到其年龄和所处社会文化条件所期望的程度(左启华，1998；林崇德，杨治良，黄希庭，2003)。良好的社会适应能力是保证儿童身心健康发展的重要条件，是儿童在幼小衔接过程中顺利过渡的重要指标(王晓芬，周会，2013)。

流动儿童是一个极具特殊性质的群体，其特殊性在于他们既不同于一般意义上的城市儿童，也不同于一般意义上的农村儿童。同时，流动儿童又恰好处于成长和发展的关键时期，由于心智发展的不健全及社会经验、社会监督的缺失，很容易出现适应不良。例如，有研究发现，由于学校环境和学校类型的不同，城乡文化存在差异，流动儿童在进入城市公立学校后，心理健康水平、学业成绩及社会生活适应水平会低于城市儿童(窦晓芳，2010)。

流动儿童社会适应的概念主要涉及流动儿童的心理适应和文化适应两个方面，心理适应不良、环境适应不良、文化适应不良是流动儿童城市适应困难的主要表现(王中会，孙琳，蔺秀云，2013；冯帮，兰欣，2017)。与留守儿童的心理适应状况相比，流动儿童的适应状况相对较好，但与城市儿童相比，流动儿童则出现更多的心理适应不良；公办学校的流动儿童的心理适应能力显著优于打工子弟学校的流动儿童(袁晓娇等，2009)。

2. 人际关系紧张与敏感

人际关系是人与人之间通过交往和相互作用而形成的心理关系，反映个体或团体寻求满足需要的心理状态(张灵等，2007)。流动儿童可能表现出较多的人际关系问题，主要涉及亲子关系、师生关系、同伴关系三个方面(袁立新，张积家，苏小兰，2009；程黎等，2007)。

由于流动性大、物质生活水平相对较低、语言沟通不畅和生活习惯不同等原因，与城市儿童相比，流动儿童在人际关系方面的问题可能更加突出(王光荣，吴婷，骆洪福，2016)。流动儿童与非流动儿童在交往主动性、交往对象的选择、关系满意度和交往被拒的原因等方面存在显著差异。在流动儿童数量较少的公办学校中，流动儿童存在人际交往较弱、学校融合情况较差等情况。原因是流动儿童作为少数群体存在时，在学校中容易形成同辈文化，成为不同于学校主流文化的"群"，容易与学校中的主流文化产生矛盾，较难与学校中其他"群"形成良好的人际互动(石燕，2012)。

流动儿童正处于发展的关键时期，人际关系对其社会适应有重要影响(程黎等，2007)。流动儿童的人际关系(如师生关系、同学关系和亲子关系等)越好，问题行为越少，身份认同程度越高，越能融入城市生活(石燕，2015；程黎等，2007)。

3. 学习适应性较差

流动儿童的学习适应性是指跟随父母流动的孩子在迁入地的学校教育实践中，克服困难取得较好学习效能的一种学习适应能力和倾向，主要涉及个体的学习态度、学习技术、学习环境等因素(邱心玫，傅少伟，2017)。

来到城市生活的流动儿童对新学校的课堂教学节奏和教学语言还不适应，对相对严格的校纪班规感到约束，而且身心适应的自信度偏低；和城市儿童相比，流动儿童学习适应性不良的比率较高(丁小燕，陈洪岩，2005；邹萍，邓双，2014)。而且这种差异不会随着年级的升高而缩小，它会一直存在。研究表明，流动儿童的学习适应性差主要体现在以下四个方面：①学习态度迷惘；②学习效率低；③学习环境差；④身心健康不佳。具体表现为：课堂上不积极(如在课堂上很少举手回答问题)，胆子较小，自信心不足，考试成绩相对较差(考试成绩中等及以下的占绝大多数，尤其是刚转入的学生)，上课被动(如常走神，不听教师讲课)，学习焦虑感和学习压力感较强(袁立新，张积家，苏小兰，2009；胡韬，郭成，2007；张军华，闫丽霞，2016)。

4. 问题行为较多

流动儿童的问题行为较多、情况复杂，是其发展中常见的现象。研究表明，流动儿童内化问题行为的自我报告率为 31.0%；外化问题行为的自我报告率为 21.0%（李晓巍等，2008）。在流动儿童中，男生的外化问题行为（如攻击、违纪行为）显著多于女生（崔丽霞，雷雳，2005）。

流动儿童的问题行为主要表现为网络成瘾、物质滥用及攻击性行为等（吕勤，陈会昌，王莉，2003；熊猛，叶一舵，2011）。研究发现，流动儿童的网络成瘾倾向比率为 12.99%，高于留守儿童（6.83%）和普通儿童（6.82%）；留守儿童的平均吸烟年龄为 10.2 岁，而流动儿童开始吸烟的平均年龄更小，为 9.4 岁；流动儿童吸烟、饮酒的发生率也显著高于城市儿童（崔丽霞，雷雳，2005；金灿灿，屈智勇，王晓华，2010）。此外，与城市儿童相比，流动儿童的交通危险行为（如闯红灯等）、游泳危险行为和被他人责罚（如被父母责罚）的发生率更高（翟蕾，黄娜，2008），甚至会有校园暴力和越轨行为。研究发现，流动儿童打架斗殴、酗酒闹事和欺负弱小等暴力行为的发生率高达 47%，而且还有可能出现严重的违法犯罪行为（如性侵行为）（殷世东，王守恒，2009）。

5. 启示与建议

影响流动儿童行为的因素复杂且多样，具体包括歧视知觉（朱倩等，2015）、人格特征（李晓巍等，2008）、社会环境（金灿灿，刘艳，陈丽，2012）、社会支持（谢子龙，侯洋，徐展，2009）、家庭收入、父母文化水平和教养方式、教育工作者的教育方式和水平（于淑艳，2009；张伟源等，2010）等。

要解决流动儿童的问题行为需要多方的协同努力。首先，国家应加强对流动儿童父母教育学与心理学方面知识的普及。流动儿童的父母为了自己的职业发展，可能进行长期刻苦的准备，但对于如何做父母，却常凭自己或长者的经验和习惯教育孩子。流动儿童父母的知识水平较低，缺乏教育学与心理学方面的知识，不知道如何与孩子交流。其次，国家应经常传播儿童教育的相关知识，通过宣传栏/册、广播电视、微信等方式，让流动儿童及其父母接触和学习教育学与心理学方面的知识，让流动儿童学会正确判断自己的行为，让父母成为合格的引导者，了解孩子的心理发展阶段和过程，了解家庭教育和亲子互动的策略，加强与孩子的沟通，促进孩子健康快乐成长。最后，学校应定期举办教育交流大会，让教育者相互学习，取长补短，共同进步，从而更好地纠正流动儿童的问题行为。

心海拾贝

流动儿童小明："以前在家上学的时候，我和小伙伴有很多可玩的，如玩弹珠、互做鬼脸，在操场上追逐、摔跤等，可开心了。但是来到这里之后，他们都不跟我玩，还说我欺负他们。"小明的初心是好的，他想和同学建立友谊，但是起了反作用。到了城市之后，由于环境和文化的差异，流动儿童旧的行为习惯变得不再适用。那些没有及时转变行为习惯的流动儿童，可能成为老师和同学眼中有问题行为的学生。

本章小结

1. 心理健康是一种相对持续的稳定的心理状态，在这种状态下，人具有生命的活力、积极的内心体验、良好的社会适应，能有效发挥自我的潜力和社会功能。心理学家对心理健康概念的界定不统一，因此制定的心理健康标准也存在差异。

2. 流动儿童的心理健康问题可以分为三类：①有偏差的社会认知，如歧视知觉、相对剥夺感、身份认同危机；②消极的情绪情感，如心理不平衡、抑郁倾向较强、自卑心理严重；③问题行为，如社会适应不良、人际关系紧张与敏感、学习适应性较差、问题行为较多。

3

流动儿童的消极心理：
相对剥夺感

相对剥夺感是一个拥有漫长的过去却只有短暂的研究历史的社会心理学概念，从孔子在《论语》中"不患寡而患不均"的国家治理思想便可以窥见相对剥夺感的内核，同时"不患寡而患不均"高度概括了相对剥夺感这种消极心理是社会比较的结果。时至今日，对于相对剥夺感思想的讨论仍有适应现代社会的一面，现代社会的稳定实际上也要靠一定的平均。我国相对剥夺感的系统研究起步较晚，伴随着我国改革开放和城市化进程的逐步深入和加快，民众的相对剥夺感问题日渐显现，社会学界和心理学界对这一问题的讨论日益深入。在城市化过程中产生的比较明显的问题之一就是流动儿童问题。流动儿童随父母从农村进入城市，由于城乡文化背景、生活方式、价值观念的巨大变化及户籍制度的限制，与城市儿童相比在家庭环境、人际网络、教育发展、社会支持等资源方面处于相对不利的处境（申继亮等，2009）。大多数流动儿童容易在社会比较中产生相对剥夺感。如何减小相对剥夺感对流动儿童的消极影响，同时发挥其积极的效应是我们共同关注的问题。

3.1 什么是相对剥夺感

3.1.1 相对剥夺感的概念及其演变

相对剥夺感最早由美国学者斯托弗(Stouffer)等人(1949)在《美国士兵》一书中提出。第二次世界大战期间,美国士兵中空军比宪兵报告了更高的沮丧程度,但实际上空军拥有比宪兵快得多的晋升速度。这一现象引起了斯托弗的思考,他认为宪兵的晋升情况与空军的沮丧不存在较大关联,空军产生沮丧情绪的原因在于他们与自己身边已经晋升的同行进行比较,当发现自己处于劣势地位时,空军就会产生相对剥夺感。但那时斯托弗仅仅将相对剥夺感作为社会现象进行讨论,没有下操作性定义。社会学家默顿(Merton,1957)在《社会理论和社会结构》一书中指出,相对剥夺感由参照群体决定,由于参照群体的不同,个体感受到的相对地位和得失也不同,当感受到相对地位较低,得到的利益较少时就会感到自己的基本权利被剥夺,产生相对剥夺感。戴维斯(Davis,1959)首次提出相对剥夺感的正式理论,他认为当个体同时具备以下三个条件时,才可以确定产生了相对剥夺感:①感知到自己的同类个体拥有 X;②自己想要 X,但缺少 X;③认为自己可以拥有 X。上述 X 可以是任何事物,如物品、机会等(郭俊东,2009)。社会学家朗西曼(Runciman,1966)在戴维斯定义的基础上增加了第四个条件"对 X 的期望是合理的"。需要注意的是,在对第四个条件的判别中把期望分为合理期望和不合理期望(不切实际的期望)两种,只有判别是合理的期望才会产生相对剥夺感。对这四个条件的判别完整地描述了相对剥夺感产生的过程,学者一般将朗西曼的定义看作相对剥夺感的第一个操作性定义。此外,朗西曼还将相对剥夺感划分为群体相对剥夺感和个体相对剥夺感,这是对后续相对剥夺感研究的重大贡献。上述学者有关相对剥夺感的研究都聚焦于个体与参照群体的比较过程，也就是横向的，即与他人的比较。格尔(Gurr，1971)从个体自身的角度出发纵向地将相对剥夺感定义为自身价值期待和价值能力不一致的结果，即人们在社会生活中实际的收获低于他们所期望的收获时就会产生相对剥夺感。克罗斯比(Crosby，1976)在总结以往心理学家的观点之后，提出了新的相对剥夺感理论模型，其中包含五个条件：①知觉到其他人(类似的个体)拥有 X；②自己想要获得 X；③认为自己有资格拥有 X；④认为获得 X 是可取的；⑤当个体没有获得 X 时不会有自责感。只有当这五个条件同时具备时，个体才会产生相对剥夺感。沃克等人(Walker & Pettigrew，1984)基于社会认同理论指出，后续相对剥夺感的研究必须：①区分个体相对剥夺感与群体相对剥夺感；②区分个体测量水平与群体测量水平；③区分认知成分与情感成分；④区分绝对剥夺感与相对剥夺感；⑤参照群体具体化；⑥比较的维度(方面)具体化。随后，史密斯等人(Smith et al.，2012)结合横向相对剥夺感与纵向相对剥夺感、认知成分与情感成分，将相对剥夺感定义为与某一标准相比较，个体觉得自己或自己所在群体的状况更加糟糕，并产生生气或怨恨的情感反应。

我国学者于 20 世纪 90 年代开始关注相对剥夺感这一社会心理现象。目前关于相对剥夺感的概念有以下几种观点。罗桂芬(1990)认为相对剥夺感是个体或群体在将自己的利益得失与他人或其他群体进行对比时产生的一种主观意识上的心理认知和感受。在社会比较中，个体或群体发现自己与参照的个体或群体获得的利益存在差距，个体或群体就会产生相对剥夺感。郭星华(2001)对相对剥夺感进行了系统阐述，认为相对剥夺感是指人们通过和参照群体的比较产生的一种自身利益被他人剥夺的内心感受。当自身的利益和其他群体相比减少时，容易产生相对剥夺感。但当自身的利益实际增加，而增加速率小于参照群体利益的增加速率时，也会产生相对剥夺感。

田为民(1999)认为相对剥夺感是个体的价值期望与价值能力之间的差异而形成的。价值期望是个体对自身美好生活的期许，价值能力是个体实现这种美好生活的实际能力。麻泽芝和丁泽芸(1999)将相对剥夺感定义为一种消极情绪，源于自身处境与参照个体比较后发现自己处于劣势地位的情况。李俊(2004)从社会心理学的角度出发，认为相对剥夺感是处于不利地位的群体在社会生活过程中产生的一种心理状态。从以上研究中可以看出，学者关注的多为横向相对剥夺感，对相对剥夺感的定义也仅从认知成分或情感成分的单一成分来考虑。近年来我国学者将其内涵进一步扩大，孙灯勇等人(2016)将相对剥夺感概括为想得、应得、怨愤于未得。熊猛等人(2016)认为相对剥夺感是包含认知成分和情感成分的多元构念，将相对剥夺感定义为个体或群体通过与参照对象比较而感知到自身处于不利地位(认知)，进而体验到愤怒和不满等负性情绪的一种主观认知和情绪体验(情感)。这一概念目前学界采用得较多，有利于对研究对象进行群体与个体、横向与纵向相结合的研究。

3.1.2 相对剥夺感与相关概念的辨析

在相对剥夺感的研究历史中，由于学界对相对剥夺感的界定存在较大差异，许多学者将相对剥夺感与其他相似概念混为一谈，因此，有必要对这些概念进行辨析，进一步明确相对剥夺感的内涵。

首先，要区分绝对剥夺感和相对剥夺感。所谓绝对剥夺感，是指由于不公正的待遇，一些人群的基本生活需求得不到满足的状况(李强，2004)，如干旱地区的人们缺水。它通常指一种客观状态，这种状态不随人的意志而改变，因此不属于主观体验。相对剥夺感则属于一种社会比较下产生的主观体验，产生相对剥夺感的也不仅仅限于处境不利的群体，处境有利的群体与生活条件更好的群体比较时也会产生相对剥夺感，所以产生相对剥夺感的群体并不固化，而是范围更广。在探讨两者对个体带来的伤害时,有学者发现相对剥夺感比绝对剥夺感更有助于犯罪行为的发生(麻泽芝,丁泽芸,1999)。可见,这种比较下的负性心理更容易让人心理失衡,从而做出错误的行为。

其次,要区分横向相对剥夺感和纵向相对剥夺感。横向相对剥夺感和纵向相对剥夺感的区别在于参照物的不同,横向相对剥夺感的参照物是个体之外的其他人(群体),比较的过程发生在自己与其他人(群体)之间,发现自身处于不利地位后则会产生横向相对剥夺感,进行横向比较也是相对剥夺感最容易产生的情况。纵向相对剥夺感指的是自己与不同时段的自己进行比较,如老年人与自己年轻时的运动能力比较、失业者与自己有工作时的生活条件比较,从而产生失落和沮丧的情绪。

最后,要区分个体相对剥夺感和群体相对剥夺感。个体相对剥夺感是指个体与其他人比较发现自己处于不利地位而产生的相对剥夺感。过强的个体相对剥夺感会给大众带来普遍的焦虑情绪,影响心理健康状态(Smith et al, 2012; Abrams & Grant, 2012; Osborne, Smith, & Huo, 2012; Smith & Huo, 2014)。郭燕梅(2013)发现个体相对剥夺感可以显著正向预测集群行为倾向,个体相对剥夺感为群体相对剥夺感的产生打下了基础。群体相对剥夺感是指隶属同一个群体的每一个个体都感受到了同样的相对剥夺感时产生的群体性质的相对剥夺感。除了激发群体负性的认知和情绪之外,群体相对剥夺感还会刺激群体内的认同,促进群体意识的形成。当负性的认知和情绪积累到一定程度时,便会演变成表达自己利益诉求的集体行动(余珊珊,2017)。元分析显示,个体相对剥夺感在集群行为的预测力上低于群体相对剥夺感。此外,个体相对剥夺感和群体相对剥夺感之间的区别十分明显,学者在编制测量工具时会根据研究主题的不同写明测量的是个体相对剥夺感还是群体相对剥夺感(Osborne, Smith, & Huo, 2012), 或像熊猛(2015)编制的流动儿童相对剥夺感量表将相对剥夺感分为个体和群体两个一阶维度。因此, 不可将个体相对剥夺感和群体相对剥夺感混为一谈。

3.1.3 相对剥夺感的理论基础

1. 社会比较理论

经典的社会比较理论由美国社会心理学家费斯廷格(Festinger, 1954)提出, 他认为社会比较是指个体想要了解自己的能力、行为和行为的后果, 在缺乏客观标准的情况下, 把周围与自己相似的个体作为标准, 进行自我评价的过程。后续学者把情绪评价加入社会比较理论中, 丰富了社会比较理论的内涵, 扩大了其应用的范围, 即认为当个体无法用经验的或生理的线索去评价情绪时, 他就可能会通过与他人进行比较来对自己的情绪状态进行评价(邢淑芬, 俞国良, 2005)。社会比较多以平行比较、上行比较和下行比较的方式进行。平行比较指个体和与自己相似的人进行比较。选择相似的人能够给自己提供更多真实且有效的信息。上行比较指个体与比自己优秀的人进行比较。这是一种自我进步的动机驱使个体选择向上的比较方式, 通过与比自己优秀的人进行比较, 达到自我进步的目的(Wheeler, 1966)。下行比较指个体与不如自己的人进行比较。当个体在自尊或能力水平上遇到挫折时, 下行比较能够维持自尊和心理健康水平(Wills, 1981)。社会比较是相对剥夺感的核心成分, 相对剥夺感的产生与否取决于参照群体的选择。当个体进行上行比较时, 一般会产生两种心理, 一种是认识到自己的不足而努力奋斗, 另一种是因信心不足或主观认识偏差而感到失落或产生相对剥夺感(郭星华, 2001)。如果个体的处境已经有所改善, 但改善的水平低于参照群体改善的水平, 也会产生相对剥夺感。

2. 公平理论

公平理论是由美国心理学家亚当斯（Adams，1965）提出的，该理论从不公平感产生的原因及其影响因素入手，较好地阐述了相对剥夺感产生的心理机制。亚当斯的公平理论是这样论证的：①个体把自己所获得的报酬（包括物质或精神上的获益）和付出（包括工作时间、资本、精力等）的比值，同他人所获得的报酬和付出的比值进行比较；②个体拿自己所获得的报酬和付出的比值同过去自己所获得的报酬和付出的比值进行比较。通过比较，当个体感觉自己所获得的报酬和付出的比值与他人所获得的报酬和付出的比值或自己过去所获得的报酬和付出的比值相同时，就会感到公平；如果觉得比值较低，就会感到不公平（赵建梅，2011）。所以，个体不仅会关注自己收获的绝对量，更会关注自己与参照系相比收获的相对量。当人们意识到自己在工作上的投入和产出不相称时，或者认为自己在工作上的投入比其他人多，但是获得的报酬跟别人相同甚至比别人少时，不公平感就产生了。

3. 社会认同理论

社会认同理论探讨的是群际关系之中，个体对自身身份认同和群体归属认同产生的社会心理机制（单成蔚，2017），是社会心理学中研究群体行为比较有影响力的理论之一，由塔杰菲尔和特纳提出并完善（Tajfel，1978；Tajfel & Turner，1986）。社会认同包含三个阶段：社会分类或范畴化、社会比较和积极区分。每个阶段都对社会认同产生积极作用。强调群体认同的个体会明确内群体与外群体，并产生对内群体的认同感和归属感，形成内群体偏爱和外群体排斥（Tropp & Wright，2001；Hogg & Turner，1987）。但社会认同理论没有对内外群体间冲突情况下的内群体偏爱和外群体排斥进行解释，主要关注的是社会中的群际关系和社会变迁（邓治文，2009）。而且塔杰菲尔认为社会认同过程是人际到群际的连续体。但社会认同理论没有从本质上区分个人认同和社会认同,这也导致了与其他理论之间的混淆。

4. 自我归类理论

自我归类理论由社会认同理论演化而来。自我归类理论认为认知过程的实质就是去个性化,当两个或两个以上的个体依据一些共同内群体分类来知觉和定义自己时,心理群体就形成了(李春,宫秀丽,2006)。自我归类理论与社会认同理论相比,更加清晰地解释了不同认同水平下群体成员的行为差异、内群体偏爱及外群体排斥等行为,而且,在个人认同和社会认同上做了清晰的划分。当个体从依据个人认同来知觉自我转变到依据社会认同来知觉自我时,群体的某些一致行为更有可能显现出来(王念,2013)。这与社会认同理论存在差异。塔杰菲尔等人(1986)指出在群体中,个人同一性会让位于社会同一性。社会认同理论和自我归类理论强化了处于不利地位群体的相对剥夺感(Abrams,1990;Ellemers,2002),为相对剥夺感的个体—群体双维结构模型的建立提供了理论依据(熊猛,2015)。

5. 相对剥夺感理论

将相对剥夺感理论纳入理论基础在学界存在争议,有学者(Zoogah,2010)认为相对剥夺感理论与公平理论的实质是一样的,因为两者都描述了通过社会比较,个体产生消极情绪和行为的过程。但也有学者认为,两者相似但存在差异。孙灯勇等人(2016)认为在实际情境中个体感到公正与剥夺的过程并不是同步的,被剥夺一定会感到不公正,但相反则不一定成立,因为他人不能替代自己感到被剥夺,但自己能共情于他人所遭受的不公正待遇。张艳(2013b)认为公平理论和相对剥夺感理论比较的方式方法及比较产生的结果各有不同,相对剥夺感的产生基于比较之后处于劣势地位,并且这种结果是本不应该出现的,而公平理论则没有进一步阐述和说明。公平理论更加强调过程,而相对剥夺感理论强调在比较之后产生的一种主观感受。基于以上学者描述的两种理论存在的差异，我们将相对剥夺感理论也纳入理论基础。克罗斯比(1976)认为相对剥夺感相应的情绪主要是生气或怨愤，个体相对剥夺感的情绪指向要看个体自身的倾向是自责性的还是责他性的。假如是自责性的，即个体认为是自己的原因导致的和参照群体的相对差距，这时要考虑到个体的控制水平。如果个体的控制水平较低，就容易产生心理压力，导致相应的症状；如果个体的控制水平较高，则会寻找改变的机会。史密斯等人(2014)据此发展了自己的理论，他们认为个体在产生不满等负性情绪时，会依据改变的可能性采取相应的行为。如果有改变的机会（开放的系统），那么个体就会产生积极的应对，如努力工作，改变现状。如果没有改变的机会（关闭的系统），那么个体就会产生消极的应对，如压力症状或破坏性的行为。

3.1.4 相对剥夺感的测量

由于相对剥夺感是一个不可观察的变量，是社会比较下个体产生的主观感受，因此对它的测量一般采用主观评定法。但不同的学者对相对剥夺感的定义存在差异，由此建立的测量工具也大为不同。本部分将相对剥夺感不同的结构归类，由此介绍相对剥夺感不同的测量工具。

1. 个体—群体双维结构模型及量表

根据参照对象的不同，相对剥夺感可以分为横向相对剥夺感和纵向相对剥夺感。有研究者(Cantril，1965)的自我锚定量表主要从个体和群体比较的角度来测量被试的相对剥夺感，要求被试通过在一个从"1"到"10"的等级上打分来评估自己的生活状况，等级越高说明个体的生活状况越好，反之越差。评估内容涉及社会地位、经济地位、政治地位及工作环境等方面，参照对象依次为内群体成员和相关的外群体成员，据此形成了两个分量表。①个体相对剥夺感。将自己当前的生活状况与内群体其他成员或相关的外群体成员进行比较，评估两者之间差异的大小。②群体相对剥夺感。将自己所在内群体的当前状况与相关的外群体进行比较，评估两者之间差异的大小。为了防止被试的结果出现负分，将被试在每个项目上的得分加上一个常数10。当被试的得分低于10时，表明存在个体相对剥夺感或群体相对剥夺感；当被试的得分高于或等于10时，表明不存在相对剥夺感。但此量表存在明显的缺陷，内容只包括相对剥夺感的认知成分，缺乏情感成分，不利于研究者对相对剥夺感的进一步研究。

2. 认知—情感双维结构模型及量表

认知—情感双维结构模型侧重相对剥夺感的结构，将其分为认知和情感两个方面。有研究者(Zoogah, 2010)在测量加纳27个公司共144名企业员工的相对剥夺感时改编了沃克的量表，采用了认知—情感双维结构模型。该量表由6个条目组成，采用李克特5点计分法，从"1"代表"非常不同意"到"5"代表"非常同意"，要求被试与周围处于优势地位的员工相比，重点关注自己的弱势，如"有国外教育背景的员工工资更高"(认知相对剥夺)、"在我所在的部门中，我对自己的薪酬比拥有国外教育背景的员工低感到不满"(情感相对剥夺)。模型的各项拟合指数分别为：$\chi^2 = 20.3$，$RMSEA = 0.04$，$CFI = 0.89$，$TLI = 0.90$，拟合度较好。两个分量表的内部一致性系数分别为0.91和0.89，总量表的内部一致性系数为0.94。

有学者(Zagefka, Brown, & Brown 2013)在研究英国大学生的经济相对剥夺感时也采用了认知—情感双维结构模型，参照对象为德国大学生，内容包括两个部分。第一部分要求被试评估英国大学生的总体经济状况，如"与德国大学生相比，你认为英国大学生的经济状况如何?"(认知相对剥夺，从"1"代表"非常不好"到"7"代表"非常好")；第二部分让被试判断"与德国大学生相比，评估你对英国大学生经济状况的满意度。"(情感相对剥夺，从"1"代表"非常不满意"到"7"代表"非常满意")。将两个部分反向计分，然后相加得到总的相对剥夺感得分。得分越高，则体验到的相对剥夺感越强。两个部分之间的相关为 0.71(p < 0.001)。

3. 个体/群体—认知/情感双维垂直结构模型及量表

个体/群体—认知/情感双维垂直结构模型结合了参照对象的不同和相对剥夺感的内涵，是目前学界公认的且使用较为广泛的结构（Walker & Pettigrew, 1984; Olson & Hafer, 1996; Zagefka, Binder, & Brown, 2013; Smith et al., 2012）。有研究者(Osborne & Sibley, 2013)在考察新西兰成年人的相对剥夺感时采用了这个结构。他们采用两个项目评定个体相对剥夺感，如"与其他新西兰人相比，我对自己的收入感到不满"(情感相对剥夺)、"我的收入要低于其他新西兰人"(认知相对剥夺)，两个项目之间的相关为 0.43 (p < 0.001)。同样采用两个项目评定群体相对剥夺感，如"与新西兰的其他相关群体相比，我对自己所在的种族群体的收入感到不满"(情感相对剥夺)、"我自己所在的种族群体的收入要低于新西兰其他的相关群体"(认知相对剥夺)，两个项目之间的相关为 0.46 (p < 0.001)，但该量表的信效度不明，限制了进一步研究。有学者(Koomen & Fränkel, 1992)在研究苏里南人的相对剥夺感时也采用了该结构模型。值得注意的是，他们在研究中把认知—情感相对剥夺感作为二阶因子，而把个体—群体相对剥夺感作为一阶因子，最终形成了个体—认知相对剥夺感、群体—认知相对剥夺感、个体—情感相对剥夺感和群体—情感相对剥夺感 4 个分量表，每个分量表主要测量被试在生活、住房、教育、歧视知觉和收入 5 个方面的剥夺体验，共形成 20 个题项，采用李克特 5 点计分法，认知题项(个体/群体)计分从"1"代表"非常好"到"5"代表"非常差"；情感题项(个体/群体)计分从"1"代表"非常满意"到"5"代表"非常不满意"，得分越高表明被

试的相对剥夺感越强。4个分量表的内部一致性系数为 0.79~0.84，其中个体相对剥夺感与个体满意度显著负相关，群体相对剥夺感与群体攻击性显著正相关，说明量表的信效度较好。

熊猛(2015)以流动儿童为研究对象，编制了流动儿童相对剥夺感量表(见后文)，包括个体—认知相对剥夺感、个体—情感相对剥夺感、群体—认知相对剥夺感、群体—情感相对剥夺感4个维度，每个维度要求流动儿童对自己在家庭经济状况、家庭住房条件与居住环境、家庭环境的稳定性、发展特长的机会及父母参与辅导自己功课的程度5个方面的真实状况进行评定，共20个项目，认知成分项目计分"1"~"7"为从"非常不好"到"非常好"，情感成分项目计分"1"~"7"为从"非常不满意"到"非常满意"。该量表全部采用反向计分，得分越高表明流动儿童的相对剥夺感水平越高。该量表具有良好的内部一致性信度、重测信度及结构效度和校标关联效度，是研究我国流动儿童身心发展状况的重要工具。

4. 三维结构模型

相对剥夺的三维结构模型将相对剥夺感看作个体或群体对于自身相对状况所持的态度，由认知、情感和行为三种成分共同组成(侯玉波，2002)。认知成分指知觉到处于不利地位；情感成分指产生的愤怒和不满；行为成分指由此导致的各种行为反应，包括人际冲突、消极的工作表现、盗窃行为等(Cropanzano & Randall，1995)。虽然有许多学者支持这一结构(罗桂芬，1990；肖雪莲，2006)，但遗憾的是目前没有学者开发出三维结构的相对剥夺感量表，对于该结构的讨论仅限于理论阶段。此外，研究者(Wickham et al.，2013)为了研究童年期的社会剥夺感与成年期的身心健康之间的关系，开发了童年期感知不平等量表(perceived inequality in childhood scale，PICS)，旨在探索童年期(16周岁以下)的感知相对剥夺(perceived relative deprivation，PRD)。该研究采用奇—偶分类的方法将数据分成两半。对其中一半数据进行探索性因素分析，得到一个两因素的测量模型：感知相对剥夺(12道题)和家庭社会资本(4道题)。对另一半数据进行验证性因素分析，结果支持了三因素结构模型的有效性：个人相对剥夺感(与周围人在财富、住房、汽车、假期、礼物及衣服等方面进行比较而感知到的相对剥夺感，6道题)、社会相对剥夺感(因更广泛的社会比较而感知到的相对剥夺感，6道题)和家庭社会资本(与学校同伴或邻居伙伴在家庭环境的稳定性、发展特长的机会、与父母在一起的时间以及父母参与教育的程度等方面进行比较，4道题)，三因素模型的拟合指数要优于两因素模型和单因素模型，$\chi^2(95)=183.77$，$p<0.01$，$SRMR=0.06$，$RMSEA=0.05$，$CFI=0.96$，$TLI=0.96$。采用李克特5点计分法，从"1"代表"非常不好"到"5"代表"非常好"。3个分量表的内部一致性系数分别为0.77、0.83和0.75。

此外，我国目前有关相对剥夺感的问卷更多测量情感或者认知的单一成分。马皑(2012)自编的相对剥夺感问卷，测量个体在与相应的参照群体比较过程中产生的一种或两种差异的主观认知，未调查被试的情感体验。郭燕梅(2013)认为相对剥夺感仅包括情感成分，通过修订李汉林的问卷对个体相对剥夺感进行测量，考察个体经济收入、生活条件等13个项目与周围人相比的满意度，未考察认知成分。

延伸阅读

流动儿童相对剥夺感量表(部分)(熊猛，2015)

与城市儿童相比	非常不好	比较不好	有点不好	一般	有点好	比较好	非常好
1. 你觉得自己的家庭经济状况(如家庭收入、自己每月的零花钱)如何？	1	2	3	4	5	6	7
2. 你觉得自己的家庭住房条件与居住环境如何？	1	2	3	4	5	6	7

续表

与城市儿童相比	非常不好	比较不好	有点不好	一般	有点好	比较好	非常好
3. 你觉得自己家庭环境的稳定性（如是否经常搬家）如何？	1	2	3	4	5	6	7
4. 你觉得自己发展特长的机会（如是否有机会参加特长班）如何？	1	2	3	4	5	6	7
5. 你觉得父母参与辅导自己功课的程度如何？	1	2	3	4	5	6	7

与城市儿童相比	非常不满意	比较不满意	有点不满意	一般	有点满意	比较满意	非常满意
6. 你对自己的家庭经济状况是否满意？	1	2	3	4	5	6	7
7. 你对自己的家庭住房条件与居住环境是否满意？	1	2	3	4	5	6	7
8. 你对自己家庭环境的稳定性是否满意？	1	2	3	4	5	6	7
9. 你对自己发展特长的机会是否满意？	1	2	3	4	5	6	7
10. 你对父母参与辅导自己功课的程度是否满意？	1	2	3	4	5	6	7

3.2 流动儿童相对剥夺感的影响因素

个体的相对剥夺感受人口统计学变量、个体特质变量、社会环境变量等方面的影响（熊猛，叶一舵，2016），因此本书主要从这三个方面对流动儿童相对剥夺感的影响因素进行梳理。

3.2.1 人口统计学变量

研究发现，影响相对剥夺感的人口统计学变量包括个体、家庭、地域等。有学者(Zhang & Tao, 2013)对中国大学生的调查表明，性别、年龄、父母的婚姻状况、独生与否、家庭来源及学生的贫困状况与相对剥夺感显著相关。男生的相对剥夺感水平高于女生；学生的年龄越大，相对剥夺感水平越高；双亲家庭学生的相对剥夺感水平低于非双亲家庭学生；独生子女的相对剥夺感水平低于非独生子女；农村大学生的相对剥夺感水平高于城镇大学生；贫困大学生的相对剥夺感水平高于非贫困大学生。王梦(2015)发现，初就业的本科生普遍存在相对剥夺感，但相对剥夺感在性别、工作地点、毕业院校、工作性质、毕业年限等人口统计学变量上的差异未达到显著水平。佩迪格鲁等人(Pettigrew et al., 2008)的研究显示，受教育程度会对欧洲人的群体相对剥夺感产生影响，进而对群际偏见产生影响。此外，受教育程度也会影响个体的相对剥夺感，受教育程度在增强个体有效应对挫折能力的同时，也增强了个体的相对剥夺感(Crosby, 1976)。付允(2011)基于横向相对剥夺感和纵向相对剥夺感的概念构建了社会群体多维相对剥夺感模型，并将该模型用于由我国31个地缘社会群体组成的三大群体(东部、中部和西部省份)的实证研究中。结果表明，东部省份的横向相对剥夺感水平相对较低，中、西部省份的横向相对剥夺感水平相对较高；中、西部省份的纵向相对剥夺感水平相对较低，而东部省份的纵向相对剥夺感水平相对较高；总体剥夺感水平在空间上呈现自东向西梯度递增的趋势。在影响流动儿童相对剥夺感的人口统计学变量中，流动时间的作用较为突出，流动时间是消解环境因素对流动儿童相对剥夺感负性影响的保护因素(叶一舵，熊猛，2017)。

3.2.2 个体特质变量

个体特质变量对相对剥夺感的影响主要体现在人格特质、归因方式、歧视知觉、心理控制源、不平等感和社会认同等方面。在人格特质上，两种人格特质会影响个体的相对剥夺感水平（Crosby，1976）。一是内—外控型人格特质（Rotter，1966），内控型的人往往将事情的成败归因于自身，因而相对剥夺感水平较低。而外控型的人往往将事情的成败归因于他人或外部环境，因而相对剥夺感水平较高。二是个体的成就需要（McClelland，1987），个体的成就需要水平越低，相对剥夺感水平越低；相反，成就需要水平越高，相对剥夺感水平越高。史密斯等人（Smith et al.，2012）通过元分析发现，归因方式会对相对剥夺感产生重要影响，外归因的个体往往更容易体验到相对剥夺感。此外，库门等人（Koomen & Fränkel，1992）的研究发现，歧视知觉对个体相对剥夺感及群体相对剥夺感均具有显著的正向预测作用。熊猛（2015）的研究发现，心理控制源、歧视知觉等因素会影响流动儿童的相对剥夺感。

3.2.3 社会环境变量

社会环境变量对相对剥夺感的影响主要体现在社会经济地位、收入水平、社会支持、程序公正和工作环境、受教育环境等方面。有研究（McLaughlin et al.，2012）以美国青少年为研究对象，发现父母的受教育程度、家庭收入及主观社会地位与青少年的相对剥夺感显著相关。此外，有研究（Zhang & Tao，2013）发现，大学生的相对剥夺感与社会支持呈显著负相关，社会支持水平越高的学生，其相对剥夺感越弱，说明社会支持在相对剥夺感对个体产生的消极影响中起到缓冲作用。同时，社会不公是相对剥夺感产生的重要原因。有研究（Folger et al.，1983）显示，当程序改变不合理或没有充分的理由（不充分的程序公正）时，被试会体验到相对剥夺感（如生气、不满意、愤怒等）。在非实验室环境中，分配公平能够负向影响个体的相对剥夺感（时勘等，2015），组织公正能降低个体和群体的相对剥夺感水平(万金等,2016)。除了社会不公之外,工作和生活压力也能正向预测移民城市居民的相对剥夺感(杨青,唐璐,张小娟,2015)。班级环境中的师生关系、同学关系、班级竞争氛围等因素能够负向预测流动儿童的相对剥夺感(熊猛,2015)。参照群体也会影响个体的剥夺感水平(Walker & Pettigrew, 1984),也就是人们日常生活中常说的"幸不幸福,要看跟谁比"。参照对象的处境越好,个体的相对剥夺感水平越高(Crosby, 1984)。有研究(Tropp, 1999)以拉丁美裔和非裔美国大学生为被试,通过与内群体成员、美国其他少数民族群体及白人群体进行比较,考察参照群体对个体相对剥夺感的影响。结果表明,参照群体对相对剥夺感有重要影响。在群体层面,高内群体认同水平的被试比低内群体认同水平的被试报告出更高水平的相对剥夺感。在个体层面,当将自己的当前状况与外群体成员进行比较时,高内群体认同水平的被试报告出更低的满意度;而当将自己的当前状况与内群体成员进行比较时,高内群体认同水平的被试报告出更高的满意度。孙灯勇等人(2016)也指出主观社会阶层、群体内认同会对个体及群体相对剥夺感产生显著影响。叶一舵等人(2017)还发现在排除年龄、独生与否及流动性等因素的影响后,家庭社会经济地位对流动儿童的相对剥夺感仍具有显著的负向预测作用。流动时间虽然可以调节家庭社会经济地位对流动儿童的消极影响,但无法在不良的班级环境对流动儿童相对剥夺感的负性影响中起到保护作用。

3.3 流动儿童相对剥夺感的影响后效

3.3.1 相对剥夺感与个体变量

1. 相对剥夺感与个体健康

相对剥夺感的核心是社会比较,人们更多地进行上行社会比较,这一过程让人感知到差距并产生愤怒、不满等消极情绪，因此相对剥夺感常被认为是个体健康状况的重要影响因素。首先，相对剥夺感会影响个体的生理健康(Eibner，Sturm，& Gresenz，2004；Subramanyam et al.，2009；Smith & Huo，2014；Callan，Kim，& Matthews，2015；熊猛，叶一舵，2016)。相对剥夺感对死亡率(Eames et al.，1993；McLoone & Boddy，1994)、自杀率(McLoone，1996)、心脏病(Lawlor et al.，2005)均有显著的预测作用。对青少年群体相对剥夺感的研究还发现，相对剥夺感可以显著预测个体的精神病理症状，包括抑郁、自杀意念等(McLaughlin et al.，2012；Abrams & Grant，2012；Kuo & Chiang，2013；Zhang & Tao，2013)，还会带来肥胖等健康问题(Elgar et al.，2016)。其次，相对剥夺感会影响个体的心理健康。在预测个体的身心健康水平上，相对剥夺感比个体所处的经济社会地位的预测力更强(Callan，Kim，& Matthews，2015)，高相对剥夺感水平的个体表现出更强的敌意(Greitemeyer & Sagioglou，2017)，亲社会性更低(Callan et al.，2017)。有研究(Osborne & Sibley，2013)表明，相对剥夺感能够负向预测个体的生活满意度，正向预测个体的心理压力水平。国内针对流动儿童的研究结果显示，高相对剥夺感水平的流动儿童，其抑郁、孤独感、社交焦虑水平较高，自尊水平较低(熊猛，2015)。在普通大学生群体中也发现，高相对剥夺感水平的大学生拥有较低水平的幸福感、满意度、乐观度(张心怡，郝勇强，2016)；元分析结果进一步表明，相对剥夺感可以预测个体的焦虑、沮丧等心理适应指标，平均效应量为 0.173(Pettigrew，2015)。此外，相对剥夺感的动态变化还会导致个体心理适应的动态变化，随着个体相对剥夺感水平的提高，其心理适应水平呈现降低的发展趋势(Zhang & Tao，2013)。除了直接影响之外，相对剥夺感还可作为部分中介变量影响个体的心理健康(赵书松，2016)。

2. 相对剥夺感与个体行为

相对剥夺感会对个体行为产生重要影响,元分析结果(Smith et al.,2012)显示,这些个体行为主要包括越轨(偏差)行为(如攻击性行为、暴力行为、偷窃行为、反生产工作行为等)、逃避(退缩)行为(如吸烟、酗酒、药物滥用、赌博等)及积极的成就行为(如兼职活动、学业表现)等。

首先,相对剥夺感可能会导致个体的越轨(偏差)行为。依据挫折—攻击理论(Berkowitz,2013),当流动儿童感觉到自己在很多方面得不到与城市儿童平等的待遇时,会产生挫败感,从而产生攻击和侵犯行为(屈朝霞等,2012)。国外有研究表明,社会财富的不平等会增强人们对自己处于相对不利地位的信念,由此产生更高的相对剥夺感水平,导致攻击情绪增强、攻击性水平更高(Greitemeyer & Sagioglou,2017),更少表现出利他行为(Callan et al.,2017),同时与其产生的行为后果(反社会行为和犯罪)存在高相关(Mishra & Novakowski,2016)。当处于不利地位时,青少年会增加抑郁、社交恐惧症、攻击性和父母关系冲突等问题行为(Niu et al.,2018;Nieuwenhuis et al.,2017)。有研究(Bernburg et al.,2009)发现,经济相对剥夺感对居住在富裕社区的贫困青少年的暴力行为和犯罪行为的影响效应显著;而对于居住在贫穷社区的贫困青少年,经济相对剥夺感对其暴力行为和犯罪行为的影响效应较微弱。不良行为不仅表现在居住环境中,还表现在学校生活中。低收入家庭的学生在学校与周围富裕家庭的学生比较中容易产生反社会行为,而在与周围家境相似的学生比较中则不会产生反社会行为(Odgers et al.,2015)。国内也有研究证实,高相对剥夺感水平的个体存在较高水平的攻击性行为(高峰强等,2017)。

其次,相对剥夺感可能会导致个体的逃避(退缩)行为。退缩会受到个体生理、社会认知等内部因素,以及亲子依恋、教养因素、同伴关系和家庭环境等外部因素的共同作用(Rubin, Coplan, & Bowker, 2009)。流动儿童离开了熟悉的环境,缺少父母的陪伴,因此可能缺乏安全感,出现退缩行为(黄鹤,杨宁,2019)。社会信息加工模型认为儿童接受大量输入的社会信息或线索,其行为反应是对这些社会信息或线索加工的结果,儿童社会行为产生的认知加工过程有编码、解释、反应产生或形成、反应决定和行为表现五个阶段(Burgess et al., 2006;左恩玲等,2017)。如果儿童在信息加工的某一阶段出现了认知偏差,就会导致不良的行为反应,如社会退缩行为(左恩玲等,2018),而相对剥夺感是认知偏差的重要影响因素(Smith & Huo, 2014)。此外,同伴互动会影响儿童的社会化,流动儿童在与城市儿童进行不合理的社会比较之后,容易产生自卑、挫折感等不良情绪,这种消极情绪会引起流动儿童的社会退缩行为(Rubin, Coplan, & Bowker, 2009)。

最后,相对剥夺感可能会促使个体产生积极的成就行为。社会学学者王思斌(1988)指出,适当的相对剥夺感会引发合理竞争。个体的赶超意识和为了赶超做出的行为推动社会不断进步,因此不可一味强调消除相对剥夺感。实证研究也发现,个体相对剥夺感对员工自我提升活动的参与度的直接影响不显著,而是通过自我提升活动的参与意向来间接影响其参与度;反事实信念在个体相对剥夺感与自我提升活动的参与意向之间起着部分中介作用;程序公正在个体相对剥夺感与自我提升活动的参与度之间起着中介作用(Zoogah, 2010)。有研究(Olson et al., 1995)以单亲母亲和工作女性为对象,结果发现,两类女性报告的群体相对剥夺感水平(不满意感)显著高于个体相对剥夺感水平,且工作女性对自身状况的不满意感(个体相对剥夺感)会显著正向预测其参加自我提升活动的意愿。还有研究(Turley, 2002)以3563名非裔美国儿童为对象,结果发现,与高收入邻居比较而产生的相对剥夺感对儿童的学业成绩及积极行为存在显著的正向影响,这可能是与处于有利地位的群体进行比较而产生的相对剥夺感激发了个体的竞争意识和进取动机,进而引发了个体的积极行为。

3.3.2 相对剥夺感与群体变量

1. 相对剥夺感与群际态度

除了个体属性之外,相对剥夺感的群体属性同样十分明显。元分析发现相对剥夺感会对群际态度产生重要影响,主要包括对内群体的态度(如内群体偏好/偏见、内群体认同、民族主义等)、对社会系统的态度(如投票意向、对当局的支持等),以及对外群体的态度(如外群体偏见、对移民的态度等)(Smith et al., 2012)。

首先是对内群体的态度。有研究(Tripathi & Srivastava, 1981)以112名印度穆斯林大学生为被试,采用积极/消极形容词评定法,考察处于不利地位的内群体(穆斯林)和外群体(印度斯坦人)态度及相对剥夺感对其群际态度的影响。结果发现,穆斯林学生具有积极的内群体态度($M=134.5$)和消极的外群体态度($M=78.5$);穆斯林学生的群体相对剥夺感水平越高,其对内群体的态度越积极,对外群体的态度越消极。有研究(Goeke-Morey et al., 2014)采用分层随机抽样选择北爱尔兰的692名女性作为被试进行调查,结果发现,在与天主教女性比较的过程中,新教女性越认为自己的群体处于相对剥夺的境地,越有可能与内群体保持距离,内群体认同感越弱。群体相对剥夺感还会影响群体的主观幸福感水平,不仅增加了受压迫群体的敌意行为,还降低了他们的控制感水平和生活满意度(Birt & Dion, 1987)。

其次是对社会系统的态度。有研究(Urbanska & Guimond, 2018)显示,群体相对剥夺感会增强法国人民在选举中对极端右翼势力的投票意向。史密斯等人(2018)发现相对剥夺感还可以预测个体的政治信任水平，相对剥夺感水平越高的被试对国家机构的政治信任水平越低，这点在低权力差距国家的被试身上表现得尤为明显。相对剥夺感还可能通过其他中介或调节变量对集群意向产生间接影响。有研究（Abrams & Grant，2012）发现，群体相对剥夺感可以通过影响社会变革信念间接影响苏格兰人对苏格兰民族党的投票意向。有研究（Osborne & Sibley，2015）针对新西兰人民的保守政治思想开展追踪研究，保守主义的核心就是人民抵制变革和接受不平等的倾向。追踪结果显示，相对剥夺感会对人民的保守主义产生影响，但在不同类型的目标群体身上存在相反的结果：①高群体相对剥夺感水平导致被试认为多数外群体（居住在新西兰的欧洲人）感受到的热情较低，这是被试在与多数外群体进行比较，发现差距后产生消极心理的反应，导致被试产生较低水平的保守主义，存在较强的变革意愿，难以接受社会生活中的不平等；②高群体相对剥夺感水平导致被试认为处于不利地位的内群体（毛利人）感受到的热情较高，导致被试产生较高水平的保守主义，较少抵制变革，更多地接受不平等，实际上也反映了被试对同处于不利地位的群体成员的内群体偏好。

最后是对外群体的态度。有研究（Guimond & Dambrun，2002）发现，高相对剥夺感水平的被试比控制组的被试表现出更高的外群体敌意水平。有研究（Moscatelli et al.，2014）通过情境实验发现，相对剥夺组被试表现出更高水平的内群体偏爱，表现为与外群体成员相比用更积极的抽象词汇形容内群体成员；还表现出较高的外群体贬损水平，表现为使用更消极的抽象词汇形容外群体成员。有研究（Dambrun et al.，2006）考察了1600名南非人对非洲移民和西方国家移民的看法，结果显示无论是哪类移民，被试的相对剥夺感水平越高，对移民的消极态度都越呈上升的趋势，同时，被试对非洲移民的消极态度显著强于西方国家移民。有研究（Smith et al.，2018）对28个国家共6112名大学生进行调查，发现相对剥夺感可以负向预测被试对移民的态度，相对剥夺感水平越高的被试对移民的态度就越消极，实验结果有跨文化的一致性。以往研究还发现只有那些客观上处于不利地位的本土居民(体验到强烈的经济相对剥夺感的个体)才会对移民持有非常消极的态度。研究者在探讨个体相对剥夺感和群体相对剥夺感对群际偏见的联合预测作用时发现了"溢出效应"，即个体相对剥夺感通过群体相对剥夺感的中介作用对群际偏见(对移民的偏见)产生影响(Tougas & Beaton, 2002; Tougas et al., 2005; Pettigrew et al., 2008)。

2. 相对剥夺感与集群行为

相对剥夺感是群体态度的重要影响因素，集群行为受群体态度的支配，因此相对剥夺感是否能够通过群体态度影响集群行为值得考察。集群行为指的是群体成员参与为改善群体现状的行动(Wright, Taylor, & Moghaddam, 1990; Wright, 2009)，如投票、请愿、罢工、抗议、示威等(张书维等，2012)。相对剥夺感会对集群行为产生重要影响，并且与个体相对剥夺感相比，群体相对剥夺感更易导致集群行为(Smith et al., 2012)，包括抗议意愿和对政治斗争的支持程度等。

政策支持、政治诉求等集群行为体现群体对自身政治地位的感知，往往受群体相对剥夺感的影响。有研究(Cakal et al., 2011)基于社会认同的集群行为模型，对244名白人学生和488名黑人学生进行研究，结果显示相对剥夺感正向预测集群行为和政策支持水平，在群际接触影响集群行为和政策支持的过程中起到中介作用。此外，还发现在高群际接触水平的被试身上相对剥夺感与集群行为不存在显著相关，群际接触可能弱化了相对剥夺感的不利影响。有研究(Osborne et al., 2013)以6886名新西兰成年人为对象，结果发现，群体相对剥夺感与政治诉求活动的支持倾向呈显著正相关，并且这一关系受到系统公正信念的调节，较强的系统公正信念减弱了群体相对剥夺感对处于不利地位的群体支持政治诉求活动的影响。以往研究还显示，相对剥夺感可以预测抗议行为和政治斗争等激烈的集群行为。以失业人员为被试的研究表明(Walker & Mann, 1987)，群体相对剥夺感对群体抗议行为具有显著的预测作用。有研究(Olson et al., 1995)以50名单亲母亲和62名工作女性为被试，结果发现，单亲母亲或工作女性对自身所在群体地位的不满意感（群体相对剥夺感）会显著正向预测其自我报告的群体抗议行为。有研究(Birt & Dion, 1987)以加拿大74名同性恋被试为对象，结果发现，处于不利地位群体的相对剥夺感和歧视知觉会增加他们对群体抗议行为的支持度。相对剥夺感还会增强处于不利地位群体的攻击性和破坏性群际竞争。有研究(Koomen & Fränkel, 1992)表明，群体相对剥夺感对群体攻击性具有显著的正向预测作用，歧视体验通过群体相对剥夺感的完全中介作用对群体攻击性产生影响。有研究(Halevy et al., 2010)采用最大差异化群际囚徒两难任务实验来考察群体相对剥夺感如何影响群际竞争，结果发现，与处于有利地位的群体成员相比，处于不利地位的群体成员更容易产生群际竞争行为，目的是缩小与处于有利地位的群体成员之间的差距。这说明相对剥夺感会导致处于不利地位的群体成员产生强烈的群际竞争行为。

　　除直接影响之外，大量研究表明群体相对剥夺感还可能通过其他中介或调节变量对集群行为（意向）产生间接影响。国外研究发现，群体相对剥夺感与集群行为的关系受到负性群体情绪的中介，如群体愤怒(Smith, Cronin, & Kessler, 2008)和群体不满(Mummendey et al., 1999)；社会变革信仰在群体相对剥夺感与集群行为之间起着完全中介作用(Abrams & Grant, 2012)。国内研究也表明，群体愤怒和群体效能在群体相对剥夺感与集群行为之间起着中介作用(张书维等, 2012)。研究还发现，群体认同在群体相对剥夺感与集群行为的关系之间起着调节作用(Mummendey et al., 1999; Van Zomeren, Postmes, & Spears, 2008)；在群体认同凸显的条件下，群体相对剥夺感与集群行为的关系会被弱化，无论群体相对剥夺感水平的高低，成员都更可能参与集群行为；在群体认同被其他凸显的社会认同抑制时，群体相对剥夺感对集群行为的预测作用才会显现(张书维，王二平，2011)。

尽管大量研究显示，相对剥夺感可以影响集群行为，但针对历史上五个时期的法语母语者和英语母语者的群体相对剥夺感开展的研究(Bougie et al.，2011)发现，并不是所有时期的相对剥夺感都能影响群体自尊和集群行为，而是受到被试所处时期及其对剥夺的判断标准差异的限制。因此，在研究相对剥夺感的影响效应时，必须将文化作为重要的参考因素，了解不同时期相对剥夺的内容和标准的差异。

3.4 教育建议

3.4.1 流动儿童相对剥夺感与获得感之间的博弈

在讨论城市化进程的产物时，我们常常讨论两类儿童，一类是留守儿童，另一类是流动儿童。相比之下，流动儿童跟随父母进入城市接受教育，比缺少陪伴的留守儿童多了一些成长的空间和机会，所以社会对留守儿童的关注更多。这体现的实际上是绝对剥夺和相对剥夺的差异。社会对绝对剥夺问题的看重使得流动儿童的心理问题往往被忽视，但实证研究显示相对剥夺更容易让人产生消极情绪(麻泽芝，丁泽芸，1999)。流动儿童进入城市之后，将失去老家社会网络的支持，适应完全陌生的环境对于流动儿童来说困难重重。正如研究者提出的相对剥夺感产生的原因是，较大的晋升差异环境让晋升机会更多的空军更容易心理不平衡，报告出更高的沮丧程度。同样，城市生活、教育的差异让流动儿童无法逃避，离开老家熟悉的社会支持系统之后,他们比留守儿童面临更多的社会比较环境。熊猛(2015)针对流动儿童相对剥夺感的研究显示,流动儿童的相对剥夺感处于中等水平,而且随着年龄的增长有逐渐升高的趋势,这提醒大众必须提高对流动儿童相对剥夺感问题的关注。

如何削弱这种相对不利的感觉呢?提升流动儿童的相对满足感是关键。相对满足感是相对剥夺感的反义词,如果能在与自己、他人(个体或群体)的比较中发现自己处于有利地位,就会产生这种积极正向的情绪。目前,学界多用"获得感"来描述这种情绪。近几年对于获得感的研究较多,习近平总书记在中央全面深化改革领导小组第十次会议上强调,让人民对改革有更多获得感。之后,"获得感"迅速走红,并成为年度热词,掀起了全民讨论的热潮。因为强调实实在在的"得到",不仅要让物质生活水平提高,还要让人民更有尊严地活着,同时强调可衡量性,比幸福感更容易被人民理解和接受。因为切中人民内心的真实需要,2015年《咬文嚼字》发布的十大流行语中,"获得感"位居首位。在党的十八届五中全会上,"获得感"一词被正式写入《中共中央关于制定国民经济和社会发展第十三个五年规划的建议》,在政策层面上强调发展成果由人民共享,保障了人民的生存发展权益。

获得感突出以人的主观感受为评价标准(蒋永穆,张晓磊,2016),提倡提高流动儿童的获得感就是在宏观层面上给予流动儿童公平的生存环境,让城市儿童与流动儿童共享教育成果,让流动儿童在与城市儿童、与过去的自己比较时,不觉得自己处于不利地位,更重要的是感受到他人与社会的一种认可、肯定和承认(余珊珊,2017)。这种在社会比较中得到的满足感远远强于与客观标准对比得到的满足感。有研究者(Sen & Pal, 2013)从社会经济学的角度考察如何降低个体的相对剥夺感水平,进而提升其社会幸福感。结果发现，影响相对剥夺感最显著的路径是社会认同，说明增强社会认同感可以降低个体的相对剥夺感水平，进而提升其社会幸福感。提升社会认同感的必经之路就是提升个体的获得感。提升流动儿童的获得感包括三个层面：①心理层面的获得感；②思想层面的获得感；③行为层面的获得感。首先是心理层面的获得感。受教育资源的影响，教育公平性的实现水平较低，在流动儿童群体中表现最为明显的就是教育机会不平等。一些人认为农民工随迁子女未获得公平的教育。进城务工人员多把孩子送进民办学校或者打工子弟学校，这些学校的教育质量与公办学校的教育质量存在差异，流动儿童入学时仍然会和在公办学校就读的儿童比较。所以对于流动儿童的教育，需要有一定的政策保障，获得平等的教育机会是心理健康发展的动力。《国家中长期教育改革和发展规划纲要（2010—2020年）》明确提出："坚持以输入地政府管理为主、以全日制公办中小学为主，确保进城务工人员随迁子女平等接受义务教育，研究制定进城务工人员随迁子女义务教育后在当地参加升学考试的办法。"上述政策的制定与实施为流动儿童的受教育权提供了有力的支持和可靠的保障，确实改善了流动儿童的教育状况，确保了流动儿童享有平等的受教育权。其次是思想层面的获得感。强调教育者在教育的过程中通过引导流动儿童思考人生的本质、人生的意义等问题，帮助他们树立正确的世界观，使他们在思想观念上有切实的进步（黄冬霞，吴满意，2017）。除此之外，还强调教育的升华作用，使流动儿童能够对自己有清晰的认识、长久的规划，让他们树立远大的发展目标并愿意为之付出努力，培养理想人格。最后是行为层面的获得感。学校和社会应给予流动儿童更多的锻炼机会，让他们在改造客观世界的过程中锻炼自己的心智，正视存在的问题，发挥已有的长处，在改造过程中不断给流动儿童带来获得感。此外，改造客观世界是一个运动、变化的过程，流动儿童能在改变的过程中不断审视自己，这也是塑造主观世界的过程。塑造过程不仅能给流动儿童带来持久的获得感，还可以巩固和丰富心理层面与思想层面的获得感(黄冬霞，吴满意，2017)。

3.4.2 保护因子提升心理韧性

虽然已有研究显示，相对剥夺感对个体的心理健康存在长期的消极影响，但流动儿童的身心健康发展有时会远远超出非流动儿童的可能性。心理弹性模型指出，高风险儿童也有健康发展的机会，重点在于儿童成长过程中的保护因子。其中包括有支持性的成人、有影响力的学校，以及与社会中有胜任力和亲社会性的成人建立亲密的关系。这些保护因子帮助儿童应对危机和周围不利的环境，让许多处于高风险处境的儿童也能健康成长。实证研究发现，保护因子在减少不利环境对儿童产生伤害的过程中可以起到较好的效果，如流动儿童与父母间的紧密情感联结可以在流动儿童心理适应的发展过程中起到保护作用，同伴接纳可以补偿流动儿童自身亲情缺失的部分(赵景欣，刘霞，张文新，2013)，酗酒家庭的儿童在不同发展阶段的问题行为与其教师、同龄人和母亲的支持存在显著相关(Grzegorzewska，2014)。所以，保护因子对流动儿童的心理健康起到了缓冲的作用。情绪调节社会背景假说(Marroquín et al.，2015)认为，社会关系可以增强情绪调节能力，缓冲不良心理反应带来的消极影响；也可以负向影响情绪调节能力，导致不良情绪产生。社会支持是社会关系的积极面，促使个体行为表现出更加良好的适应性(Lakey & Tanner，2013)，对于主观幸福感的正向预测作用具有跨年龄段的一致性(Siedlecki et al.，2014)。高社会支持者可以发展出更为积极的情绪控制，促使社交情绪健康发展(Williams et al.，2018)。何珍等人(2017)发现，给青少年提供良好的社会支持系统，可以改变他们的认知情绪评价，从而选择更为积极的情绪调节策略，使他们更好地适应社会。而当个体感受到自己处于低社会支持水平时，可能会感受到更多的沮丧、焦虑等消极情绪，在情绪管理效率上也不如高社会支持者(Williams et al., 2018)。布朗芬布伦纳(1986)的生态系统理论指出，人类发展的中观系统包括家庭和学校。在家庭和学校中得到较多支持的儿童比缺乏支持的儿童成绩更好，心理更为健康。

延伸阅读

流动儿童家庭教育中缺乏家庭示范的案例

东东有很多坏习惯，经常不写作业，晚上不按时回家，老师做了很多努力，但改善不大。有一次学校布置作文《给爸爸的一封信》，东东写道："有一次，你带我去超市，你把痰直接吐到地上，我说爸爸，不能在地上吐痰，结果你骂了我一顿。我不知道我是不是做错了。"

——《流动儿童教育缺失及心理问题透析》

家庭在社会支持系统中起到极其重要的作用。资源保存理论(曹霞，瞿皎姣，2014)认为，和谐的家庭为个体营造了温馨、平等的氛围，会帮助个体形成开朗、外向且独立的性格，在学校中表现出更好的适应能力(牟晓红等，2016)。但北京回龙观医院成立的"流动儿童心理研究与干预"项目组现场调研的结果显示，流动儿童容易出现家庭教育缺失和心理问题，主要集中在三个方面。①缺乏家庭教育意识。忽视流动儿童的精神建设，父母应当起到的"养育"作用实际上只做到了"养"，这类家长受制于自身较低的文化水平，认为孩子只需要在课堂上接受教育，回家也无力承担他们的功课辅导任务，更不用说对他们进行心理疏导了，大部分都忽视了孩子的心理健康问题。其中以缺乏父教为主，亲子教育是儿童模仿家长行为的过程，缺乏父亲的亲自教导，可能会使流动儿童的性别角色形成产生混乱，甚至威胁到流动儿童同伴关系的发展(李文道，孙云晓，赵霞，2009)，对流动儿童心理健康的消极影响不言而喻。②缺乏家庭示范。家长一些不良的生活、工作习惯无形中会对孩子产生影响，这里可以看东东的例子。需要注意的是，家庭教育意识与家庭示范存在区别，前者强调父母教养，后者强调父母采取的教养方式是否温暖、理解与包容。③学习环境普遍欠佳。部分流动儿童还有繁重的家务负担，甚至还有很多未满16岁的流动儿童在放学时间帮助父母从事部分工作赚得部分工资，这不仅违背了我国现行的法律，让未成年儿童过早从事工作，危害其身心发展，还违背了流动儿童进城是为了接受更好的教育的初衷。家庭还是流动儿童择校的重要影响因素。针对打工子弟学校、流动儿童多的公立学校、流动儿童少的公立学校开展的针对户籍儿童和流动儿童比较的研究发现，一类学校到三类学校的流动儿童的成绩呈递增趋势，二类学校的流动儿童的成绩甚至显著高于户籍儿童的成绩，三类学校的两类儿童没有明显差异，可以看出家庭的选择对流动儿童的教育与成长存在巨大的影响。重视教育，教育投资占总支出较大比重的家庭，会使流动儿童拥有较好的发展，可以看出家庭通过择校对流动儿童教育的间接影响。儿童青少年期是心理发育的关键期，若流动儿童不能良好地适应城市教育、生活，就可能会出现各种心理问题。

3.4.3 塑造良好的校园环境

史密斯等人(2018)对相对剥夺感进行跨文化研究，发现相对剥夺感对崇尚个人主义的国家公民产生更大的消极影响，相比之下相对剥夺感对崇尚集体主义的国家公民产生的消极影响较小，这给予我国解决流动儿童的身心发展问题一些启示。中国是崇尚集体主义的国家，塑造良好的校园集体环境可能会成为减弱流动儿童相对剥夺感的有效措施。刘思硕(2017)认为校园氛围具有很强的渗透力、感染力、同化力和约束力，可以帮助流动儿童健康积极地学习、生活，从而削弱流动儿童的相对剥夺感。曹新美等人(2018)开展的实证研究显示，绝大多数流动儿童感知到的学校氛围较好，这种良好的氛围能够给予这些流动儿童安全感，这种安全感有力地削弱了流动儿童在与其他儿童比较时产生的相对剥夺感，让流动儿童在面对困难时可以寻求帮助，更好地适应学校生活。校园氛围作为一种重要的、隐性的、潜在的德育资源，能通过对流动儿童进行道德熏陶从而遏制流动儿童的不良行为(刘思硕，2017)。

延伸阅读

流动儿童是否需要单独编班

本期主持：苏　婷(中国教育报记者)
访谈嘉宾：周　皓(北京大学社会学系副教授)
　　　　　张培新(北京市宣武区红莲小学校长)
　　　　　李丹霞(在京就读学生家长，外来务工人员)

　　根据武汉市教育局的有关通知，今年新学年开学后，流动儿童将在入学就读等10个方面享受与城市儿童同等的待遇。同时，本着从学生实际出发的原则，部分学校可以对流动儿童试行单独编班。

　　由于农村的教育条件相对较差，流动儿童的语数外基础相对较弱。该市一所公办初中为了便于教学，给他们单独编班，配了好的老师。一个学期下来，孩子们的成绩有了明显进步。

单独编班是特殊照顾还是一种歧视

　　主持人：单独编班，听起来有一定的道理，但这一通知引来了社会的热议。单独编班是特殊照顾还是一种歧视？是辨别身份的标牌还是因材施教的良方？您是如何看待这一做法的？

　　张培新：这里有个看问题的角度问题。我认为相比于单独编班，混合编班的理由更加充分，因为这样更有利于流动儿童的心理平衡，满足他们的心理需要，也有利于他们取得学习上的进步，如学说普通话等。孩子们也愿意在一起，这样没有或者少了身份的差别。

　　周皓：我认为，流动儿童与城市儿童无论是混合编班还是单独编班，都是体现教育过程公平的具体措施。单独编班，也并不是武汉市教育局首先提出的，有些地方在实施中甚至还出现过公立学校设立分校以专门接收流动儿童的做法。但到目前为止，在我们的研究中还没有正式的调查结果显示，到底哪种方式更有利于流动儿童的成长。因此，是单独编班好还是混合编班好，还需要有进一步的事实来证明，在没有调查数据的情况下不能下定论。

李丹霞：孩子上了北京的学校，肯定能享受到比在老家更好的教育。我们家长的第一个希望就是学校对孩子没有本地和外地之分，所以我们关注学校的领导和老师对所有的孩子是不是一视同仁，我的孩子在学校里有没有感到自卑，我们希望孩子尽快与北京的孩子融合到一起。

教育公平包含的内容非常广泛，应当全面理解

主持人：对单独编班还是混合编班的争论，实质上是一名流动儿童是否能受到公平教育的问题。通过这个问题，我们该怎样全面理解教育公平？

周皓：教育公平问题，不仅仅指教育机会的公平，还包括教育过程与结果的公平。因此，教育公平所包含的内容十分广泛，而并不仅仅是入学机会的问题。武汉市教育局下发的通知已经非常明确地解决了流动儿童受教育机会的公平问题，也规定了部分教育过程的公平问题，如教育资源、师资条件、入队入团等。因此，教育过程的公平问题在该通知中得到了比较具体的体现。

在教育结果的公平方面，我们需要理解：首先，教育结果的公平并不能纯粹以某一时点的学习成绩为衡量标准，因为某一时点学习成绩的好坏与学生本身的素质、学习基础等有关；其次，公平的教育结果应该包括学生全面发展（如社会融合与心理状况等）的内容，而不仅仅是学习成绩；最后，任何公平都不可能是绝对的公平，而只能是相对的公平。

张培新：流动儿童到城市学习，这是社会发展和进步的结果。这些孩子只是户口所在地不同，出生、居住地不同，所以从态度上首先要尊重他们，我认为混合编班是加强了解、沟通、理解、谅解，达到融合的有效手段之一，也是体现教育公平的一种方式。

主持人：武汉市一所公办初中对流动儿童单独编班，配最好的老师，孩子们的成绩明显提高，对此，您是怎样看的？

周皓：这个现象需要从两个方面来看。首先，学校给流动儿童班级配了好的老师，这说明流动儿童享受到了公平的教育过程；其次，这也表明流动儿童享受到了公平的教育结果，尽管他们的学习成绩可能仍然不如城市儿童；而且根据我们调查的结果，流动儿童在公立学校中的学习成绩都相对差于城市儿童，但好于就读于打工子弟学校的流动儿童。因此，在有根据的情况下，我们可以说，流动儿童就读于公立学校，至少可以得到比就读于打工子弟学校的流动儿童更为公平的教育结果。

促进城市儿童和流动儿童相互融合

主持人：在实践中，有的城市儿童家长会担心学校因为接收了流动儿童而影响教育教学质量，而这也正是一些地方采取单独编班等特殊措施的直接原因。我们怎样才能兼顾好流动儿童受教育的权利和城市儿童家长的要求？

张培新：首先我们要承认差异。但需要提出的问题是：我们本地的孩子也有差异，而我们并不会按差异分班，那么为什么对来自不同地区的孩子就要分开编班呢？

城市儿童的家长有要求，流动儿童的家长也有要求。我们所提的口号"办人民满意的学校"，是要满足家长两个方面的要求。在教育过程中我们看到，城市儿童和流动儿童都有各自的优势，也都有各自的弱点。两者在一起学习生活，能够相互影响，实现优势互补、共同发展。

周皓：随着公立学校中流动儿童规模的扩大和比例的增加，越来越多的城市儿童会出现转学的情况。这一现象已经在部分招收流动儿童的公立学校中出现了。但是，在我们的研究中，也没有正式的调查结果可以证明，流动儿童就读于公立学校，到底会在哪些方面对城市儿童产生有利或不利的影响。

根据我们在北京市石景山区进行的流动儿童教育与社会融合的跟踪调查结果来看：就读于公立学校的流动儿童，无论是社会融合，还是心理状况，均明显好于就读于打工子弟学校的流动儿童，但比公立学校的城市儿童差。因此，对进入公办学校读书的流动儿童，我们应该采取更为包容的态度。而流动儿童与城市儿童之间达到社会融合的最佳途径则是增加双方的交流机会。

(摘自：《中国教育报》2007年10月1日第2版，有改动。)

本章小结

1. 相对剥夺感的理论基础包括社会比较理论、公平理论、社会认同理论、自我归类理论及相对剥夺感理论。

2. 流动儿童相对剥夺感的影响因素包括：人口统计学变量、个体特质变量、社会环境变量。

3. 流动儿童相对剥夺感对个体健康、个体行为、群际态度和集群行为都会产生影响。

4. 提升流动儿童的获得感是消解其相对剥夺感的重要手段。

4

流动儿童的积极心理：
幸福感与心理资本

小林，男，12岁，父母来宁打工把他带过来上学。他活泼、聪明，性格逆反，学习水平中等，但表达能力很好。初到他家时，他的父母刚好有事出去，他便接待了我们。小林很健谈，可是他的父母回来后，他基本上没有讲话的机会，只有其父母在滔滔不绝地讲，一边和我们谈话一边还训着小林。小林父亲高中毕业，开货车给人运货，工作比较忙。小林父亲对自己没能上大学深感遗憾，所以只能把希望寄托在儿子身上。小林父亲虽然很辛苦，但是为了儿子能够上大学，再苦再累，花再多钱都心甘情愿。由于有这种心态，加之小林的成绩又不是很突出，因此小林父亲对小林有一种"恨铁不成钢"的不满，喜欢拿自己的孩子与别的孩子进行比较，以此达到教育的目的。小林家唯一的经济来源是父亲，他整天在外边跑，根本没时间管孩子，母亲负责照顾家庭。小林母亲对小林的学习没有特别的要求，她辅导不了孩子的功课，只能顺着丈夫的意思办事。此外，小林在家经常被母亲打。小林母亲在整个访谈过程中对小林的评价几乎都是负面的，当我们问她小林的优点时，她想了一会儿才说"不太计较吃穿"。在对小林的评价中，其父母反复强调小林写作业"瞎糊弄""不认真"。就在我们访谈小林的当天中午，小林刚刚被母亲打过，原因是小林不小心把地图上的灰弄到了床上。

上述是某打工子弟学校的一名流动儿童的情况（栾文娣，2007），也是流动儿童在城市生活的缩影。流动儿童的幸福感水平普遍偏低，家庭矛盾相对突出。在生活中，当人们谈到流动儿童群体时，流露更多的是同情，思考更多的是流动儿童的坚强和不幸，而较少将流动儿童与幸福等积极词汇联系起来。故我国绝大多数研究流动儿童的文献关注的是流动儿童所受到的社会排斥或者不良的家庭环境给流动儿童带来的心理烦恼或心理疾病，而很少有研究关注流动儿童的积极品质。当前，国际心理学界所出现的积极心理学视角已经对这种消极和病理的视角提出了批评。

目前已有学者对流动儿童的积极心理进行了深入研究，大致可分为两个方面：一是流动儿童的幸福感；二是流动儿童的心理资本。

4.1 流动儿童的幸福感：我们的要求并不高

为了更全面地理解并提升流动儿童的幸福感，首先需要明确什么是幸福感、流动儿童幸福感的发展现状、流动儿童幸福感的影响因素、流动儿童幸福感的培育路径，这对于后续的干预实践具有重要的意义。

4.1.1 什么是幸福感

幸福感是个体对其生活状态的整体评价和情感体验（罗必良等，2021），是个体依据自身标准对生活的认知评价和某种程度的正面或负面感受，包括个体对家庭、工作、健康等方面的满意程度，以及积极情绪和消极情绪等（Diener, Oishi, & Lucas, 2003）。幸福感具有主观性，受到特定的历史文化、时代背景、经济形势、社会潮流和个体条件等因素的影响。研究者认为幸福由收入、健康、教育、政治参与、社会保护、环境和个人安全及包括工作在内的个人活动等多个维度决定(Fitouss, Sen, & Stiglitz, 2011)。主观幸福感是目前心理学界最常用的、认可度最高的幸福感概念。根据现有的研究成果，主观幸福感主要通过两个层面和三个维度进行衡量，两个层面包括情绪层面和认知层面，三个维度包括积极情绪、消极情绪和生活满意度。

具体而言，主观幸福感的测量方法主要有两类，一是从情绪和认知两个层面编制测验量表，二是通过单项目问卷和多项目问卷进行测量。

首先，为了测量基于情绪的主观幸福感，先驱学者最早提出了情感平衡表(affect balance scale, ABS)，ABS通过测量被试的积极情绪和消极情绪状况，反映被试自身的主观幸福感状况(Bradburn & Noll, 1969)。虽然ABS可以有效测量被试当前的情绪状况，但并不能说明该情绪测量结果可以反映被试的整体情绪状况。为了弥补ABS的不足，纽芬兰纪念大学幸福感量表(the Memorial University of Newfoundland scale of happiness, MUNSH)应运而生，MUNSH从短暂情绪和长期情绪两个方面对被试的主观幸福感进行测量(Albert & Stones, 1980)。为了能够更简洁、方便地测量被试的情绪状况，研究者编制了积极与消极情感量表(positive affect and negative affect scale, PANAS)(Watson, Clark, & Tellegen, 1988)。

关于主观幸福感的认知层面，现有研究者常用生活满意度指数(life satisfaction index, LSI)和生活满意度量表(satisfaction with life scale, SWLS)两种方法测量被试的生活满意度。LSI是一个多维度的调查问卷，其中不仅包含对被试整体生活满意度的测量，还包含对被试生活中某一因素的满意度的测量。SWLS基于被试自身制定的标准对比现状与期望之间的差异，进而测量被试的生活满意度。SWLS作为一种单维度测量方法，每个因素采用七级评分法，如"十分反对，反对，有点反对，既不反对也不赞同，有点赞同，赞同，十分赞同"。

其次,国内外学者也常常通过单项目问卷和多项目问卷收集主观幸福感的数据。单项目问卷具有简便、快捷的特点,研究者常用的单项目问卷有世界价值观调查(world value survey,WVS)、美国总体社会调查(general social survey,GSS)、欧洲指数(Eurobarometer)等。随着对主观幸福感研究的深入,研究者发现单项目问卷测量的仅是单个维度,并不能有效测量具有多个维度的个人主观幸福感。因此,研究者常用多项目问卷来测量个人主观幸福感,如生活满意度量表。

4.1.2 流动儿童幸福感的发展现状

关于流动儿童幸福感的发展现状,目前的研究主要集中于对主观幸福感的考察,体现在以下四个方面。

一是流动儿童主观幸福感的总体水平。绝大多数研究发现,流动儿童的主观幸福感处于中等或中等以上水平(林良章等,2015;夏清华,2014)。也有研究者认为,流动儿童的主观幸福感接近中等水平(王亚南,王丹丹,2015)。

二是流动儿童与城市儿童主观幸福感的比较。绝大多数研究结果发现,流动儿童的主观幸福感水平比城市儿童低(林良章等,2015;夏清华,2014;王亚南,王丹丹,2015;陈利君,2017)。也有部分研究显示,流动儿童的主观幸福感水平比城市儿童高(张秀琴,王挺,王蓓,2014)。

三是流动儿童主观幸福感的性别差异。流动儿童主观幸福感在性别上存在显著差异,女生的主观幸福感水平高于男生(葛俊芳,2012;罗丹,2016;胡春梅,2013)。也有研究者认为,流动儿童的主观幸福感在性别上不存在显著差异(夏清华,2014)。部分研究更为深入,从学校满意度、总体生活满意度、自我满意度、环境满意度、社会功能、消极情感等方面综合考察,发现流动儿童中男生的学校满意度低于女生,总体生活满意度、自我满意度、环境满意度、社会功能和消极情感均高于女生(王亚南,王丹丹,2015;罗丹,2016;张婷,2017)。

四是流动儿童主观幸福感的年级差异。绝大多数研究显示,流动儿童主观幸福感在年级上存在显著差异(夏清华,2014;陈利君,2017)。具体而言,流动儿童主观幸福感水平随年级的升高而降低(徐凤娇,2011;罗丹,2016)。然而,胡春梅(2013)发现流动儿童的主观幸福感在年级上的差异不显著。王亚南和王丹丹(2015)的研究更为细致,发现在学校满意度方面,流动儿童中七年级学生高于八年级和九年级学生;在消极情感水平方面,流动儿童中七年级学生低于八年级和九年级学生。

4.1.3 流动儿童幸福感的影响因素

对于流动儿童而言,尽管父母在身边,但随着父母迁至新的城市,离开熟悉的家园,环境的变化意味着他们仍需适应充满不确定性的新环境。已有研究表明,尽管流动儿童的主观幸福感处于中等以上水平,但相较于城市儿童,他们的主观幸福感水平仍然偏低(周钧毅,叶一舵,2012)。与一般儿童青少年相比,流动儿童在成长过程中尤其面临着社会经济地位低下、家庭关系疏离和冲突多(侯娟,邹泓,李晓巍,2009)、受同伴歧视和同伴关系不良(于音等,2019)及学校适应困难等多重风险(童星,缪建东,2020),这些均有可能导致其主观幸福感水平下降。

那么,哪些因素会影响流动儿童的幸福感呢?目前,影响流动儿童幸福感的因素大致可归纳为人格特征和环境因素两个方面。这两个方面共同作用于流动儿童,影响他们的幸福感。

1. 人格特征

首先,流动儿童的人格特征对其主观幸福感具有显著影响。流动儿童长期生活在农村，农村基础设施相对落后。一方面，大部分流动儿童的教育资源有限，他们主要依靠书本和老师学习知识，缺乏丰富的书籍选择和实践机会，这在一定程度上影响了他们的学习积极性和全面发展；另一方面，农村较自由的环境背景可能会让流动儿童养成大声说话、随手乱扔垃圾等不良的行为习惯。

其次，流动儿童普遍存在自卑感。从落后的农村迁至发达的城市，面对的是截然不同的生活环境和社会资源。流动儿童可能居住在条件较差的城乡接合部，就读于设施较为简陋的打工子弟学校。这种显著的差距使得流动儿童在与城市儿童的比较中产生自卑感，这种心理状态可能导致他们过度追求与城市儿童在物质上的平等，而忽视自身真正的需求和发展。有研究显示，自制力较弱的流动儿童更易受到不良社会风气的诱惑，如沉迷于网络等，这进一步影响了他们的学习和成长（王亚南，王丹丹，2015）。

国内外研究均强调人格是主观幸福感的重要影响因素，尤以大五人格中的外倾性与神经质的影响最为显著。研究表明，主观幸福感与外倾性呈正相关，与神经质呈负相关（石满，丁新华，2005）。总而言之，对于来自农村的流动儿童，面对新的城市环境和生活方式，内心充满期待但又担心不被城市居民接纳，这种矛盾和焦虑可能使他们表现出神经质人格特质，相较于城市儿童，他们可能更加羞涩和脆弱。

2. 环境因素

流动儿童在学校和社会等方面普遍面临不同程度的歧视现象。当这种歧视被他们所感知时，即形成了个体歧视知觉和群体歧视知觉。研究显示，流动儿童的歧视知觉对主观幸福感有显著的负向预测作用（林良章等，2015）。具体而言，个体歧视知觉对流动儿童的主观幸福感存在直接显著的负向预测作用，能够负向影响流动儿童的主观幸福感；群体歧视知觉对流动儿童的主观幸福感也存在直接显著的消极影响，能够降低流动儿童的主观幸福感水平。影响幸福感的环境因素可以细分为家庭环境、学校环境和社会环境。

首先，影响流动儿童主观幸福感的家庭环境主要有家庭经济环境和父母的教养方式。由于流动儿童的父母多从事体力劳动或低收入职业，家庭经济条件普遍较差，难以为孩子提供与城市儿童相当的物质支持。此外，流动儿童的家庭结构通常较为复杂，兄弟姐妹众多，使得家庭资源难以集中投入。在居住环境方面，流动儿童往往居住在条件较差的郊区或城市边缘地带，居住空间狭小，环境脏乱，与城市儿童的居住环境形成鲜明对比。

父母的教养方式会对流动儿童的主观幸福感产生深远影响。流动儿童的父母大多来自经济落后的农村，受教育程度普遍较低，教育意识薄弱，教育方式方法欠佳。他们往往缺乏与孩子的有效沟通，当孩子遇到学习或生活上的问题时，往往采取简单粗暴的方式。研究者对流动儿童父母的文化程度和教育方式进行调查，结果发现高中及高中以上文化程度的仅占2%，初中文化程度的占28%，小学文化程度的占52%，文盲占18%（李海宝，2009）；棍棒教育所占比例竟高达50%（杨建飞，2009）。很多流动儿童在学习上遇到问题时无法向父母请教，且大多数农民工父母因为长时间从事繁重的工作而无暇顾及孩子的学习和幸福感的需求，甚至部分家长根本就不关心孩子的学习和成长，只是希望他们初中或高中毕业后就赶紧工作挣钱养家。城市儿童的父母通常比较重视子女的教育问题，只要是孩子学习所需基本上会满足他们，很多家长会给孩子报各种兴趣班等，以开发孩子的潜能，发挥孩子的特长，促进孩子积极主动学习（王亚南，王丹丹，2015）。父母对待孩子的方式不同，给予孩子的期望也不一样，流动儿童期待拥有与城市儿童一样的待遇，但面对父母不同的态度和经济基础，会产生一种落差和自卑感。这说明家庭环境在很大程度上会影响孩子的成长，对孩子的幸福感产生较大的影响。

实证研究表明,幸福感与父母教养方式中父母的情感温暖、理解因子呈显著正相关,与父母的过度干涉、过度保护、惩罚、严厉及母亲的拒绝等因子呈显著负相关(郑立新,陶广放,2001)。这说明父母的教养方式对子女的主观幸福感具有重要的预测作用,即父母的理解关怀对子女的幸福感有正面的作用,而拒绝、放任、惩罚型教养方式则有负面的作用(张秀琴,周甦,张小聪,2013)。就流动儿童而言,虽然父母都在身旁,但由于经济压力和生活需要,父母往往将更多时间投入工作,在孩子的成长过程中相对缺位。这种"缺位"可能不仅仅是物理距离上的,更可能是情感与心理层面上的。当流动儿童还在睡梦中时,父母已早早出门;父母工作归来时,孩子大多已经入睡,这使得亲子之间缺乏有效的交流与陪伴。这种环境下成长的流动儿童,相比于那些拥有城市户籍、享受着父母全方位关爱和优质教育资源的孩子,更可能感受到一种心理落差和消极情绪。

其次,学校环境也是流动儿童主观幸福感的重要影响因素。学校是流动儿童的主要学习和生活场所,和谐友好的校园环境、知识渊博且关爱学生的教师群体及志趣相投的同伴,对他们的成长至关重要。然而,现实中许多流动儿童就读的民办学校面临着教师素质参差不齐、流动性大、硬件设施落后等问题。影响流动儿童主观幸福感的学校环境主要包括教师及学校硬件设施。在教师方面,很多民办的打工子弟学校教师与公立学校教师相比,学历较低,而且流动性较大。研究者调查了17所打工子弟学校的415名专任教师,结果发现大专及以上学历的占51%;高中及中专学历的占48%;取得教师资格证书的仅占40%,还有60%的教师无证上岗,这与公立学校的师资配备相比要差很多(杨建飞,2009)。在学校硬件设施方面,民办的打工子弟学校往往存在教育教学设施落后甚至短缺的现象。

例如，体育设施和实验设备短缺，计算机课和劳动技术课形同虚设。有的打工子弟学校的校舍就是由厂房改建而来的，教学环境十分简陋，学生的课桌陈旧。此外，一些民办的打工子弟学校本身的办学条件不达标，还有一些民办的打工子弟学校具有较大的流动性，如某市的某打工子弟学校 6 年内搬迁了 7 次（王亚南，王丹丹，2015）。办学条件较差，与城市公立学校相差甚远，教师的教育教学水平也参差不齐。这些问题不仅限制了流动儿童获取知识的机会，还可能对他们的心理健康和主观幸福感造成负面影响。国内学者将"对学校环境的满意度"、"对学校教学质量的满意度"、"对老师的满意度"、"是否喜欢老师"和"是否喜欢同学"五个方面的问题整合作为学校评价指数，考察了学校环境对主观幸福感的影响，结果发现学校环境与主观幸福感呈显著正相关。这一结果提示我们，学校环境是影响流动儿童主观幸福感的重要因素之一，应重视对流动儿童学校环境的改进、教学质量的提升及师生关系、生生关系的改善（张秀琴，周甦，张小聪，2013）。

最后，社会环境也会影响流动儿童的主观幸福感。目前，流动儿童所面临的社会问题主要包括教育公平问题和部分城市居民的歧视现象。首先，教育公平问题。它主要表现在流动儿童入学方面。我国早期的户籍制度规定，达到入学年龄的儿童和青少年只能在其户籍所在地就读，这导致流动儿童在异地面临"上学难"的问题。针对流动儿童入学的政策经历了不同的阶段，从限制到认可再到重视，然后是政策的明晰化和强化。2003 年，教育部等六部委联合发布了《关于进一步做好进城务工就业农民子女义务教育工作的意见》；2006 年出台了《国务院关于解决农民工问题的若干意见》，明确要求输入地政府保障农民工子女平等接受义务教育，并主要通过全日制公办中小学接收农民工子女，不得收取借读费及其他费用。其次，部分城市居民的歧视现象。流动儿童从农村来到城市生活和学习，易受到一些城市居民特别是城市儿童及其家长的歧视,他们认为流动儿童的行为习惯不良,不愿意让自己的孩子与他们交往,甚至认为他们会对自己的孩子产生不良影响。正是由于这些歧视存在,一些已经进入公立学校的孩子又不得不返回打工子弟学校就读,这可能是因为在公立学校,流动儿童很难获得归属感和安全感。

4.1.4 流动儿童幸福感的培育路径

提升流动儿童的幸福感是一个系统工程,需要政府、社会、学校、家庭共同努力,形成合力。总体而言,流动儿童幸福感的培育路径主要包括以下四个方面。

1. 充分发挥政府相关部门和社会力量的服务职能

第一,针对流动儿童的不同需求,邀请社会力量为流动儿童开办公益性质的晚托、午托机构,吸引高校毕业生和志愿者投身到城市流动儿童的教育教学工作中。第二,针对流动儿童及其父母远离家乡和亲人的现实,新闻媒体等相关部门应适时组织文化活动,让流动儿童通过参加活动增强归属感。第三,针对流动儿童日常精神生活贫瘠,应充分发挥社区的功能作用。为流动儿童特别是特困户建档立卡,了解他们的基本家庭情况,打造流动儿童的综合服务平台。在保障城市流动儿童教育质量的同时,呵护流动儿童的身心健康,使他们摆脱精神贫困,提升他们的获得感和幸福感。

2. 营造包容、和谐的校园文化,促进流动儿童融入学校

第一,针对城市或者农村地区的实际情况,相关学校应为流动儿童提供丰富多彩的文体活动,并调动他们的参与积极性,促进流动儿童与城市儿童之间的互动交流。第二,充分挖掘流动儿童身上潜在的特长,并给予相应的帮助与辅导,鼓励流动儿童参与各种比赛,在竞赛中锻炼他们的意志力、抗挫折能力和人际交往能力。第三,定期举办流动儿童教育系列讲座,帮助流动儿童提高社会责任

感，鼓励他们积极融入校园生活，让他们真正感受到学校的温暖和关爱，提升他们的幸福感。

3. 加强学校心理健康教育，搭建亲子沟通平台

亲其师，信其道。教师能够在流动儿童成长的关键时期为他们提供正确的"三观"引导，并帮助其树立正确的理想信念，这为流动儿童幸福感的提升奠定了重要的思想基础。第一，重视学校心理健康课程建设。树德比树才更重要，素质比知识更重要，先做人，后成才。不仅要为流动儿童开展知识理论教育，还应关注流动儿童的情绪变化和思想动态，不定期为他们举办有针对性的心理健康辅导讲座，配备有爱心的专业心理咨询教师，与流动儿童一对一地进行交流，解决他们心中的困惑，在他们的心灵深处播下爱的种子，从而为提升流动儿童的幸福感提供心理支撑。第二，搭建亲子沟通平台。教师应充分利用高速发展的现代科学技术，发挥亲子沟通交流的中介和桥梁作用，利用智能手机等现代化通信设备，定期和流动儿童父母就学生的学习、生活状况进行深入交流；劝导其尽量抽出时间和孩子沟通，从而让流动儿童感受到来自父母的关怀，以此降低产生消极情绪的概率，进而提升流动儿童的幸福感。

4. 传播科学的养育理念，发挥监护人的教育功能

第一，帮助流动儿童父母建立起符合家庭自身实际的科学养育观。很多流动儿童父母忽视了流动儿童的精神需求，仅仅关注其物质需求。这与流动儿童父母的文化程度相对较低有关。为此，流入地政府和基层社区应采取不同的宣传教育形式，如开展家庭教育线上宣讲等，既有助于流动儿童父母增强教育意识，也可以使他们通过学习改变传统家庭教育观念，并掌握相应的沟通技巧，在满足子女物质需求的同时满足其精神需求，将优良家风有效传承，通过身体力行成为孩子学习的榜样。第二，督促流动儿童父母承担起家庭教育的监督义务。流动儿童父母一方面要经常关心流动儿童的学习

状况，及时发现其在成长中产生的问题且能引导纠正；另一方面需要改进沟通和教育方式，摒弃一味宠溺和棍棒教育，关注流动儿童的在校表现和心理健康。第三，提升流动儿童监护者的教育能力和水平。家庭教育的功能是学校和其他教育机构无法取代的，也是学校教育的进一步延伸，因此学校应充分发挥家庭教育的作用，以主题讲座、家长会等形式，针对监护者开展系统性培训，确保监护者能掌握正确科学的家庭教育方法，为流动儿童幸福感的培养提供教育支持。

心海拾贝

一些流动儿童可能会受到很多伤害，来自自身的自卑、家庭的压力、同伴的歧视等，可能在他们幼小的心灵打下烙印，但也希望这些烙印是他们尽早了解社会的踏脚石。路还很远，未来还很长，太阳就在远方！

4.2 流动儿童的心理资本：我们比城市孩子更有韧性

随着城市化进程的加速，进城务工的农民数量持续上升，随之而来的是跟随父母流入城市暂居的流动儿童数量的显著增加。相较于城市儿童，流动儿童在成长过程中面临着包括社会资源分配不均、家庭条件差异、入学限制等多重挑战，这些挑战往往导致他们表现出较低的心理健康水平和更多的心理与行为问题（朱丹等，2013）。然而，值得注意的是，尽管流动儿童所处的环境不利，但并非所有的流动儿童都会遭遇适应困难和心理问题。一些研究指出，部分流动儿童可能会遵循"处境不利—心理韧性—发展良好"的发展轨迹，展现出良好的适应能力，甚至在某些方面表现得更出色，如心理资本（彭丽娟等，2012）。

4.2.1 心理资本研究的缘起与发展

心理资本一词最早出现在经济学领域,并受到了积极心理学家和积极组织行为学家的关注。戈德史密斯等人(Goldsmith et al.,1997)认为心理资本是个体对工作、伦理、自我人生信念、态度和认知的综合,并能影响个体生产效率的一些个性特征。塞利格曼认为,应该将可能导致个体积极行为的心理要素纳入资本的范畴,由此引发了大量关于心理资本的探讨。研究者(Luthans & Youssef,2004)在积极组织行为学的视角下提出了心理资本的概念,指出了心理资本是能够影响个体积极行为的心理状态。与人力资本强调"你会什么"、社会资本强调"你认识谁"相比,心理资本强调的是"你是谁"或"你正在成为谁",从而拓宽了资本的范畴,把心理资本提升到了一个超越人力资本和社会资本的高度。

心理资本与货币资本、人力资本和社会资本一样都有原始的资本属性。戈德史密斯等人(Goldsmith et al.,1997)研究心理资本对个体实际工资的影响时指出,心理资本是个体形成的稳定心理特征和心理倾向;心理资本与个体的生产率和工资存在显著的正相关关系;与人力资本相比,心理资本对个体工资的预测作用更强。随着心理学家和组织行为学家对心理资本概念的关注,学者逐渐将心理资本从经济学领域引入组织行为学中,并形成了心理资本的系统性理论。它主要包括三种理论,分别是特质理论、状态理论和类状态理论。

1. 特质理论

戈德史密斯在 1997 年提出心理资本的概念时,心理资本被视为一种人格特质,他认为心理资本是个体早期形成的一种稳定的认知模式和人生信念,其核心为自尊和控制点。豪森等人(Hosen et al.,2003)认为心理资本是个体的一种心理投资,是通过学习可获得提升的心理构念。这种观点认为心理资本是一种可以随时投资,并能有效得到改善、具有竞争力的人格。一些研究者支持了特质理论的观点,认为心理资本就是影响个体绩效的人格特质,包括开放性、稳定性、宜人性等。特质理论的观点是戈德史密斯最早提出的心理资本概念的延续,虽然指出心理资本是一种有竞争力的个体特征,也可以通过学习等方式进行开发和提升,但忽略了人格特质类变量的稳定性,也削弱了心理资本作为独立心理变量应具有的意义和价值。

2. 状态理论

卢桑斯等人(Luthans & Youssef,2004)将心理资本、人力资本和社会资本进行比较分析后认为,心理资本是一种积极的心理状态,并可以像人力资本和社会资本一样进行投资和开发,从而产生积极的竞争力。阿沃利奥等人(Avolio et al.,2004)也认为,心理资本是可以提升个体的工作绩效和维持个体高工作满意度的一种积极心理状态的综合,是个体保持良好状态的心理要素,从而促进个体在工作中的积极行为。从组织行为学的角度来看,将心理资本视为一种心理状态更具有应用价值,因为心理状态是一种容易被干预和开发的变量,这可以使其更容易在日常工作和行为的管理中得到使用,发挥心理资本作为资本的价值。因此,卢桑斯等人(Luthans,Avolio,& Walumbwa,2005)在以中国员工为样本的研究中再次强调,在某种特定的情境下,心理资本是使员工保持良好的工作状态、提高工作绩效和保持竞争优势的一种心理状态的综合。此时的心理资本已不再是宽泛的、无限制的,学者开始考虑情境因素的重要性,这也为后来心理资本的类状态理论奠定了基础。

3. 类状态理论

阿沃利奥(Avolio,2006)在讨论心理资本时首次使用了"类状态"概念,认为心理资本是一种特质性与状态性兼具的心理要素的综合;心理资本既具有状态性也具有特质性,特质性是指其具有一定的稳定性并能被有效测量,状态性是指能够通过干预对其进行开发与管理。随着时间的推移,学者多倾向于心理资本的类状态性。类状态变量比瞬时的状态类变量更稳定，比稳定的、难以改变的特质类变量又更容易开发和干预，这使得心理资本在真正意义上具有了"资本"的原始属性（价值性、增值性、动态性和竞争性等）。2007年，卢桑斯对之前的心理资本状态理论进行了修改，认为心理资本是指个体在成长和发展过程中表现出来的一种类状态积极心理能量。卢桑斯认为，纳入个体心理资本的心理要素必须满足四个基本条件：①积极性；②能够被有效测量；③类状态性；④对个体的行为绩效有积极的促进作用。卢桑斯（Luthans，2007）在大量研究的基础上提出了构成心理资本的四个维度，即自我效能感、希望、乐观和韧性。卢桑斯的心理资本理论探讨了心理资本的开放性，指出可以将一些符合积极组织行为学标准的心理构念纳入心理资本的结构维度中，此观点为后续的心理资本多维度说奠定了理论基础（李超平，2008）。

4.2.2 流动儿童心理资本的发展现状

通过对已有文献梳理发现，国内外对流动儿童心理资本的研究并不丰富。有研究者探讨了流动儿童城市适应中希望与障碍的关系（Gu et al.，2020）。有研究者探讨了师生关系质量与流动儿童自我效能的关系（Charles et al.，2011）。还有研究者探讨了流动儿童心理资本中自我效能与学业成绩的关系（Wang et al.，2019）。林铮铮（2014）探讨了流动儿童心理资本的现状及其与社会身份认同、学校适应性的关系。程绍珍等人（2018）的研究发现，流动儿童具有较高的心理资本水平，能使其更加积极地面对自己的处境，提高其社会适应水平。杨明（2018）探讨了流动儿童家庭亲密度、社会文化适应与心理资本的关系。研究还发现，流动儿童的自尊和心理资本等积极心理品质与社会文化适应存在显著的正相关关系，其中心理资本的自我效能和韧性对流动儿童社会文化适应的影响最为显著，良好的心理状态有利于流动儿童积极主动地融入城市（王远，2014）。可见，有关流动儿童心理资本的发展现状和水平还需要后续研究进一步深入探讨。

4.2.3 流动儿童心理资本的影响因素

随着工业化和城市化进程的持续推进，农村剩余劳动力进入城市务工已经成为一种新常态。农民工进城的同时，越来越多的流动儿童也随父母来到城市。然而，受城乡二元户籍制度及流动儿童家庭条件、社会资源等多重因素的影响，流动儿童无法享受与城市同龄儿童同等的社会认同和教育机会，产生一系列的心理社会适应不良，如表现出较多的学业问题、较低的心理健康水平、更多的问题行为，社会融入和社会适应较差等（王飞，2014；吴岚，2013）。综合以往的研究，目前影响流动儿童心理资本的因素主要包括个体因素、家庭因素和学校因素三个方面。

1. 个体因素对流动儿童心理资本的影响

个体因素主要包括人口统计学变量和人格特质。方必基(2012)认为青少年心理资本水平会随年龄的增长有所提高，受教育程度高者其心理资本水平相应也较高。另外，人格特质对心理资本具有显著影响，能够预测心理资本10%~20%的变异（魏德样，2012）。曾昱等人(2013)的研究发现，自立人格的各维度通过心理资本的中介作用对主观幸福感产生间接影响。流动儿童的心理资本水平在性别上差异显著，女生显著高于男生。在城市适应过程中，流动女童对城市的融入程度比男童高，生活适应能力比男童强，能很快适应所处环境。因心思细腻，女童在善解人意方面更突出，能从心里感激那些给予自己帮助与支持的人。研究还发现，流动儿童的心理资本存在年级差异。初中年级流动儿童的心理资本、核心资本和乐群宜人水平高于五、六年级，八年级流动儿童的心理资本水平相对较高。究其原因，可能与个体的学业压力有关（林铮铮，2014）。六年级流动儿童面临的升学压力使其容易产生学习焦虑和自我怀疑。进入中学后，对学校的新奇感缓解了部分学习压力，因而心理资本水平相对有所提升。随着学习目标的明确、自我调适能力的增强，流动儿童的学校适应能力逐渐增强，所以流动儿童的心理资本水平表现出年级差异。

2. 家庭因素对流动儿童心理资本的影响

一是家庭社会经济地位。国外研究发现，家庭长期处于贫困状态的流动儿童更可能产生负性的社会情感，出现自卑、孤僻、抑郁等的概率较大，社会交往能力也较差，这对他们的发展相当不利（Brooks-Gunn & Duncan, 1997）。国内研究指出，低社会经济地位和竞争力、不利的家庭环境对流动儿童人格的发展会产生负面影响，如造成流动儿童在社会认知和交往技能上发展不足，甚至导致退缩和攻击等问题行为；在人格发展上也可能出现扭曲，相对更悲观、低自尊，对环境更缺乏控制感（郑信军，岑国桢，2006）。家庭社会经济状况能正向预测儿童的发展（周皓，2013）。国内外众多研究指出家庭经济收入、父母受教育水平与学业成绩显著正相关。可见，家庭社会经济地位对流动儿童的人格、情绪行为、学业成绩等各方面都存在显著影响，进而影响流动儿童的心理资本水平。

二是亲子沟通。布朗芬布伦纳认为亲子沟通是微观系统的重要组成部分，是环境层面中影响个体发展的最直接因素（Bronfenbrenner, 1989；王争艳等，2002）。良好的亲子沟通有利于形成健康和谐的亲子关系，营造轻松自在的家庭氛围，这是青少年健康成长的重要社会支持性因素（Tabak, Mazur, & Örkenyi, 2012）。父母掌握良好的沟通技巧，通过积极沟通有利于防止子女网络成瘾（陈玉娟，2016）；积极有效的亲子沟通有利于儿童心理健康及安全感的发展（李翠英，2011），能直接显著预测农村青少年的幸福感（郭海英，2014）。家庭亲密度高会使个体的家庭功能良好，在人格方面倾向于独立、积极、稳定、成熟。家庭环境对流动儿童的心理资本具有重要影响，特别是内聚力和家庭亲密度对流动儿童积极心理资本的影响最为显著。家庭亲密度较高的流动儿童，积极心理资本丰富，自信心较强，自我效能感水平较高，喜欢挑战较难的任务，对生活充满希望，生活目标明确坚定，具有较强的抗压能力。与此同时，家庭环境与积极心理资本的关系可能是相互作用的，流动儿童的积极心理资本也在一定程度上影响家庭亲密度。家庭成员个体积极乐观的心理品质能较好地感染和调动他人的情绪，在家庭关系中起到润滑剂的作用，能较好地调节不良情绪，促进家庭和谐。以上研究结果都证明了亲子沟通对个体积极成长有显著影响，可见，有效的亲子沟通对流动儿童的积极心理资本具有重要作用。

3. 学校因素对流动儿童心理资本的影响

良好的学校环境有利于流动儿童自我概念的形成（王中会，徐玮沁，蔺秀云，2014）。学校氛围对学生的适应和发展有着重要的影响，包括组织层面、教学层面、人际关系、校园文化、价值观等多方面。第一，在学校环境上，近些年来，研究者逐渐将学校教学基础设施作为学校文化的重要象征，强调教学基础设施的育人功能（吴成龙，2013）。美国约翰·E.丘伯等人（2003）在《政治、市场和学校》一书中说道："能满足大量优良装置需求的学校应该比物质陈旧的学校更能获得成功，这些优良装置就包括整洁明亮的大楼和教室、一流的电脑和实验室以及现代化的教学材料等。"第二，在师生关系上，有研究证明，当学生感受到教师真正关心他们时，就会激发其内在动力，使其愿意付出更大的努力来实现自己的潜能（赵云环，2003）。第三，在同伴关系上，有研究者指出，同伴关系是青少年除亲子关系之外的第二大主要人际关系，对青少年的健康发展具有举足轻重的影响（张艳，2013a）。

班级是学校的基础单位，班级气氛是学校氛围的重要方面。班级气氛中教师的教育方式、师生关系、同辈群体关系、班级亲和度等对个体的成长都会产生影响。尽管在同一所学校,但他们拥有独特的经历和觉知,往往通过特异性来影响其学校适应和社会文化适应过程(Wang et al.,2011)。良好的班级气氛有助于流动儿童的社会性发展。同时,心理资本作为内部因素,是心理健康的保护因素,是社会文化适应能力的预测变量。通过良好心理品质的培养和认知调整,流动儿童能够具有积极的心理状态和发展潜力,即使在不利的条件下,也能很好地适应环境和获得发展(王中会,徐玮沁,蔺秀云,2014)。班级气氛对心理资本具有重要影响,高水平的教师支持、同学支持及更多的自主机会能提升流动儿童的积极心理资本。心理资本又同时作用于班级气氛。当流动儿童的心理资本提升后,其班级气氛会进一步改善,对社会文化环境的适应能力也有所增强。

4.2.4 流动儿童心理资本的教育建议

通过综合分析流动儿童心理资本的特点及影响因素,本书将从学校、家庭(父母)、个人(流动儿童)三个方面阐释培育流动儿童积极心理资本的教育建议。

1. 学校应给予流动儿童更多的人文关怀

流动儿童积极心理资本的建构是一个循序渐进的过程,是在他们长期的流动生活和日常交往中逐渐形成的。作为流动儿童在城市中的主要活动场所,学校不仅为他们提供了知识和教育,还为他们提供了一个与城市儿童和教师交流的平台。因此,学校在流动儿童积极心理资本的构建中扮演着至关重要的角色。

一是关注流动儿童的心理健康状况,及时进行干预。良好的心理健康状况是构建积极心理资本的基础,因此学校应注重提高流动儿童的心理健康水平。首先,应开设心理健康教育课程,为流动儿童提供管理情绪、应对压力、适应变化的知识和策略,提高流动儿童自主应对心理健康问题的能力。其次，定期与流动儿童谈心，了解他们的心理健康状况和心理需求，对有心理问题的流动儿童及时进行干预。最后，积极与流动儿童的家长进行沟通，了解流动儿童在家庭中的情况，建立家校合作，共同制定心理支持策略。

二是关注流动儿童的学习基础情况，帮助其适应新的学习环境。农村和城市在教育资源、教育方式等方面存在较大差异，教育环境的突然转变对流动儿童来说是一个巨大的挑战。学校应全面了解流动儿童的学习情况，了解他们在原学校所掌握的知识和技能状况，以便为他们提供个性化的学习支持。定期评估流动儿童的学习表现，及时发现和纠正他们存在的学习问题，根据他们的需求提供必要的辅导，确保他们跟上学习进度，帮助他们适应新的学习环境，克服因教材或学习方法的变化而产生的学习困难。

三是关注流动儿童的群际关系状况，促进其人际交往能力的形成。解决群体偏见的有效方法之一是增加社会接触，因此学校应定期组织集体活动，如开展运动会、合唱比赛等，让流动儿童和城市儿童有互相了解、互相学习、取长补短的机会，消除城市儿童对流动儿童的偏见，发现流动儿童身上的闪光点。另外，学校应实施反欺凌方案，维护流动儿童的权益，确保他们能够与城市儿童一样享有平等的学习机会和安全的学习环境。

2. 父母要为流动儿童提供避风港

在流动儿童的成长过程中，其积极心理资本的建构与家庭密切相关。父母是孩子的第一任老师，家庭教育对孩子的影响是学校无法替代的。因此，在帮助流动儿童建构积极心理资本的过程中，父母扮演着极其重要的角色。

一是维持稳定的家庭教养模式，帮助流动儿童逐渐适应新环境。稳定的家庭教养模式可以帮助流动儿童在不断变化的生活中找到安全感，这是构建积极心理资本的前提。父母应放慢改变的脚步，尽力延续之前的家庭生活模式和家庭秩序，包括继续维持之前的日常家庭活动、作息时间、行为规则等，让流动儿童即使身处新环境中也能感受到家庭关系的连贯性和稳定性，从而帮助他们顺利地适应环境的变化。

二是加强亲子沟通，了解流动儿童的内心需求。良好的亲子沟通是促进子女成长的有效途径。通过与子女进行坦诚的交流，父母能够深入地了解他们的内心需求和感受，更好地帮助他们在不断变化的环境中获得自信心和认同感。在沟通的过程中，父母要注重倾听子女的想法和感受，并给予关心和理解，让他们感受到自己得到了尊重。沟通时还应营造轻松、愉悦的对话氛围，鼓励孩子提出问题、诉说困扰。

三是树立科学的教育理念，改变不良的教养方式。调查研究表明，大多数流动儿童父母的文化水平较低，缺乏科学的教育理念，他们往往采用专制型或忽视型等极端的教养方式，不利于流动儿童的成长和积极心理资本的积累。因此，提升流动儿童家庭的教育水平至关重要。父母可以通过阅读教育专业的书籍、参加教育培训等途径了解孩子的教育需求和发展特点，掌握相关的教育策略。在与孩子的相处过程中要践行科学的教育理念，并根据实际情况灵活调整教养方式。

3. 流动儿童应主动提升自身素质

学校和家庭等环境因素仅是外在的支持因素，如果流动儿童个人在思维和行动方面不能积极、主动地转变，那么外在因素的作用就会大打折扣，因此流动儿童要主动提升自身素质，培养积极的心理品质。

一是建立积极的自我同一性，主动适应新的环境。通过分析流动儿童社会身份认同的类型可知，整合型的流动儿童不仅能够同时认同城市人身份和农村人身份，而且还能够在两种身份之间进行灵活转换。自我同一性的建立是流动儿童社会身份认同的基础，流动儿童要想达到整合型状态，就不能为了追求城市人身份而全盘否定自己的农村人身份，而是要全面分析自己的成长过程，对于自身的优势和劣势都要进行客观评价。流动儿童要发挥自身的优势，勇于在学校和生活中展示自己，结交优秀的同伴。同时，也要认清自身的劣势，在环境适应中要努力提升自己，主动寻求解决问题的方法，逐渐适应并融入新的生活。

二是提高心理健康意识，掌握心理自助技能。消极的心理品质会导致社会与学业适应不良，进而影响流动儿童的心理健康，甚至使其出现抑郁、焦虑、厌学等不良情绪和心理与行为问题。流动儿童应认识到在构建积极心理资本过程中出现一些心理健康问题是正常的，无须恐慌。同时，流动儿童可通过阅读书籍、学习相关课程等途径掌握一些心理自助技能，如放松训练、正念训练、情绪 ABC 疗法等，这样在遇到困扰时便会主动进行心理调节。

三是积极参加社会实践活动，拓展社交圈子。不同群体的相互了解需要充分的社会接触，所以要鼓励流动儿童积极参与校内外的各种社会实践活动，如运动会、志愿服务、社会公益活动等。在参与城市活动的过程中，流动儿童可以接触到不同背景和文化的人群，从而拓展自己的社交圈子，增强对多元文化的理解和认知。这有助于增强流动儿童的自信与社会适应。

心海拾贝

"我们承受了太多本不该在我们这个年龄阶段出现的压力，但既然它要来，我就迎面去战胜它。玫瑰都是带刺的，可能人只有突破重重困难才会迅速成长吧！"

我们需要做的是更多地给予流动儿童爱，让他们知道社会不是冷酷的，还有我们一直关注他们，他们也是祖国的花朵，应呼吁更多的人关注这个群体。

本章小结

　　1. 幸福感是个体对其生活状态的整体评价和情感体验，是个体依据自身标准对生活的认知评价和某种程度的正面或负面感受。幸福感具有主观性，受到特定的历史文化、时代背景、经济形势、社会潮流和个体条件等因素的影响。

　　2. 主观幸福感的测量方法主要有两类，一是从情绪和认知两个层面编制测验量表，二是通过单项目问卷和多项目问卷进行测量。

　　3. 流动儿童幸福感的发展现状研究主要集中于对主观幸福感的考察，体现为流动儿童主观幸福感的总体水平、流动儿童与城市儿童主观幸福感的比较、流动儿童主观幸福感的性别差异及流动儿童主观幸福感的年级差异。

　　4. 影响流动儿童幸福感的因素包括人格特征和环境因素两个方面。影响流动儿童幸福感的环境因素可细分为家庭环境、学校环境和社会环境。

　　5. 提升流动儿童的幸福感是一个系统工程，需要政府、社会、学校、家庭共同努力，形成合力。

　　6. 与人力资本强调"你会什么"、社会资本强调"你认识谁"相比，心理资本强调的是"你是谁"或"你正在成为谁"，从而拓宽了资本的范畴，把心理资本提升到了一个超越人力资本和社会资本的高度。

　　7. 目前影响流动儿童心理资本的因素主要包括个体因素、家庭因素和学校因素三个方面。个体因素主要包括人口统计学变量和人格特质；家庭因素主要包括家庭社会经济地位和亲子沟通；学校因素主要包括学校环境、师生关系和同伴关系。

　　8. 建议从学校、家庭（父母）、个人（流动儿童）三个方面培育流动儿童的积极心理资本，如学校应给予流动儿童更多的人文关怀，父母要为流动儿童提供避风港，流动儿童应主动提升自身素质等。

5 流动儿童心理健康的影响因素与机制

2018年2月,18岁网红"小辣椒"怀疑自己原创的"社会摇"舞步被人抄袭,于是召集百余人与对方组织的20余人在永和桥上互殴,双方持有钢管、砍刀,并互扔自制爆炸物,造成多人受伤。同年12月,法院对这起聚众斗殴案进行宣判,主犯"小辣椒"被判处有期徒刑8年,其他被告人被判处有期徒刑两年三个月到六年不等。而这一场影响恶劣的斗殴事件,主要参与者仅4名为成年人,其他均为未成年人,主要来自两个外来务工人员集居的城中村,他们都有一个共同的名字——流动儿童。

(资料来源:中国经济网,2019-08-05)

流动儿童心理健康的相关研究显示,流动儿童在心理和社会适应等方面容易出现问题。已有研究指出,流动儿童比城市儿童体验到更多的消极情绪和更少的积极情绪,更容易出现自卑、焦虑、孤独与抑郁等消极情绪(王静,但菲,索长清,2016)。如果这些消极情绪没有得到合理宣泄就可能会影响流动儿童的心理健康,出现问题行为。

该事件并不仅仅是几个孩子间的怄气斗殴,而是提醒我们在社会变迁下如何对流动儿童进行心理健康教育。费昌祥是"永和桥斗殴事件"的主审法官,他说近几年流动未成年人犯罪尤为突出,在其审理的案件中，流动未成年人犯罪案件占比高达 70%。中国青少年研究中心青少年法律研究所所长郭开元通过调查发现，流动未成年违法犯罪占未成年人违法犯罪的比例较高，有些法院甚至达到了 90%。为减少流动儿童违法犯罪行为的发生，我们需要对流动儿童进行引导与管理，提高其心理健康水平。因此，对流动儿童心理健康的影响因素和心理机制的研究也日益成为心理学、社会学等学科研究者关注的焦点。本章将对流动儿童心理健康的影响因素与机制进行探讨，以期为提高流动儿童心理健康水平、减少其问题行为提供参考和依据。

近年来，受生态系统理论和个体—环境交互作用理论的影响，越来越多的研究者指出环境因素和个体因素在儿童身心发展中的重要作用，特别是会对儿童的心理和社会适应产生重要影响。国外研究发现，社会经济地位、社会支持等环境因素及歧视体验、自我效能等个体因素会影响流动儿童的心理健康（Jasinskaja-Lahti & Yijälä, 2011；Griffin & Soskolne, 2003）。国内研究者也发现，流动儿童的心理健康不仅受家庭、学校、社会等环境因素的影响，还会受性别、年龄、人格、应对方式、生活满意度等个体因素的影响（熊猛，叶一舵，2011）。个体行为不仅反映了个体自身的特性，也是社会和文化因素影响的结果，即环境因素和个体因素都会对流动儿童的心理健康和问题行为产生影响。个体行为是人与环境共同塑造的，是环境因素和个体因素交互作用的结果，因此不应该仅仅只关注单一因素对流动儿童心理健康的影响，应该同时考察两者共同对流动儿童的影响。刘霞和申继亮（2010a）的研究指出，家庭经济环境和学校班级环境与群体态度相互作用共同影响流动儿童的歧视知觉和心理健康。因此，流动儿童的心理健康是由多种因素共同影响的。综合上述分析，本章将影响流动儿童心理健康的相关因素分为三类，即环境因素、个体因素、环境因素与个体因素的交互作用。

5.1 环境因素对流动儿童心理健康的影响

行为主义心理学的代表人物华生说过:"给我一打健康的婴儿,一个由我支配的特殊的环境,让我在这个环境里养育他们,不论他们父母的才干、爱好、倾向、能力和种族如何,我保证能把其中任何一个训练成为任何一种人物——医生、律师、艺术家、大商人,甚至乞丐或强盗。"在今天看来,这句话片面机械地强调了环境对儿童发展的作用,但不可否认的是环境因素对儿童的心理健康存在重要影响。人生活在一定的环境中,是环境的产物,又是环境的创造者与改造者,人与环境相辅相成。因此,我们可以在了解流动儿童生存环境的基础上,有针对性地帮助他们改善生存的环境,为其心理健康发展提供合适的环境。

当流动儿童跟随外出务工的父母从经济相对落后的地区来到城市,会面对城乡文化背景、生活方式、价值观念的巨大差异及户籍制度的限制。流动儿童与城市儿童相比,会发现自己在家庭环境、人际网络、教育发展、社会支持等方面处于相对不利地位(申继亮等,2009),因而就更容易出现心理健康问题。梳理影响流动儿童心理健康的环境因素,主要包括:环境多变,不容易形成稳定的人际关系和自我评价;既非城市原居民也非正式居民,社会支持资源有限,与城市的融合困难;父母工作强度大但收入低,在孩子教育方面的时间、精力和财力投入不足等(陶红梅等,2004)。关于移民儿童的相关研究发现,社会经济地位、社会支持、移民前的文化适应和准备状态等都会对移民儿童的心理健康(主要是压力、焦虑和抑郁等)产生重要影响,而流动儿童的性质与国外移民儿童相似,很多研究会直接将移民儿童的研究结果泛化到流动儿童身上。综合国内外研究和流动儿童的实地访谈可以发现,流动儿童主要生活在家庭、学校和社会三大空间，因此，我们将影响流动儿童心理健康的环境因素归为三类：家庭因素、学校因素和社会因素。下面我们将具体阐释三类因素如何影响流动儿童的心理健康。

5.1.1 家庭因素

家庭作为儿童发展的重要场所，对儿童的生理及心理与行为发展具有深远而重要的影响。家庭系统理论认为，整个家庭系统功能的发挥对儿童的成长有重要影响，家庭系统功能发挥得越好，儿童的身心也就越健康（Beavers & Hampson，2000）。但是现实是流动儿童的家庭环境存在各种不如意，如家庭社会经济地位低、教养方式不当、家庭关系紧张等，而这些因素都不利于其心理健康发展。甚至有研究认为家庭风险对流动儿童的负向预测作用比同伴风险和学校风险都大（袁柯曼等，2021）。影响心理健康的家庭因素有很多，本节主要关注父母职业及家庭经济状况、家庭关系和生活场所的变动对流动儿童心理健康的影响。

首先是父母职业及家庭经济状况对流动儿童心理健康的影响。流动儿童跟随父母或者其他监护人从农村流入城市暂居，其父母多为普通农民工，自身受教育程度和家庭社会经济地位都较低，就业类别基本上属于技术水平和收入低但工作时间长、强度高的职业，大量时间与精力花费在谋生上，相应地，对孩子的关注度降低，陪伴时间也会减少。家庭和环境压力观认为，低社会经济地位不仅意味着物质匮乏和经济困难，也伴随着生活环境中的污染、噪声、低质量的住房和混乱的社区条件，而这些作为压力来源会对儿童的心理发展造成影响（Duncan et al.，2015）。刘正荣（2006）的研究也表明，单纯从流动儿童父母的收入状况来看，不同父母收入水平的流动儿童在心理健康、学习焦虑、孤独倾向、恐怖倾向等项目上存在显著差异。相对而言，父母收入水平高的流动儿童心理健康状况要好些，反之则差些。还有研究采用行为观察及编码的方式对流动儿童家庭和城市儿童家庭进行调查，结果也发现社会经济地位会影响儿童的社会适应（梁熙，王争艳，俞劼，2021）。因此，父母受教育程度偏低及工作强度大、收益低这样的状况在很大程度上会影响他们对孩子在教育和成长方面的投入，这些也直接或间接地影响了流动儿童的心理健康状况。

其次是家庭关系对流动儿童心理健康的影响。家庭关系是家庭成员根据自己在家庭中的角色，在共同的生活中形成的相互联系。在我国，家庭关系主要由父母之间的关系（夫妻关系）和父母与子女之间的关系（亲子关系）构成。研究显示，流动儿童父母吵架的比重高于城市儿童父母，殴打、忽视、吼骂孩子的比重也高于城市儿童父母，城市儿童的心理健康水平高于流动儿童。因此，夫妻关系和亲子关系可能也是影响流动儿童心理健康的重要因素。研究发现，夫妻关系、亲子关系中的忽视及当着外人吼骂等显著影响流动儿童的心理健康（栾文敬等，2013）。夫妻关系是家庭关系的核心与基础，和谐的夫妻关系是一个家庭氛围好的前提。在这样的家庭中，流动儿童可以从父母那里感受到更多的家庭温暖、关爱和情感支持，塑造良好的心理健康水平。相反，家庭关系破裂或父母关系紧张，容易导致流动儿童苦闷自卑、孤独无助，会给他们造成较大的负担。"永和桥斗殴事件"的主审法官曾说，"有时候审孩子，背后实际上是在审父母"。在参与斗殴的百人中，56％的父母离异。杨芷英和郭鹏举（2017）以2993名北京市流动儿童为被试的研究发现，父母关系对流动儿童心理健康水平具有显著的正向预测作用。还有研究指出，家庭功能运行良好及家庭成员之间情感亲密能显著预测流动儿童的社会适应及问题行为（曾天德等，2020）。

苏联学者曾指出，亲子关系对中小学生的心理健康有重要意义，奠定了他们心理健康的基础。亲子关系具有极强的情感亲密性，会直接影响儿童的身心发展。研究显示，家庭亲密度与流动儿童的心理健康问题呈显著负相关，即家庭关系越亲密，流动儿童的心理健康问题越轻；相反，家庭矛盾性与流动儿童的心理健康问题呈正相关，即家庭矛盾性越突出，流动儿童的心理健康问题越严重（白春玉等，2013）。根据亲子依恋理论，良好的亲子关系可以为流动儿童提供情感上的支持和帮助，能有效缓解流动儿童进入城市后的不适应、孤独和焦虑，提高其心理健康水平（白春玉等，2013）。研究发现，良好的亲子关系给流动儿童提供了安全基地，促进流动儿童积极探索周围环境，提高他们的社会适应能力（曾天德等，2020）。

父母的教养方式会影响流动儿童的亲子关系（曾天德等，2020）。流动儿童父母受教育程度普遍较低，在城市生活和工作中所遭遇的不公平待遇及工作繁忙等，导致他们缺乏科学合理的教养方式，无暇进行充分的亲子沟通与互动，甚至很多父母对流动儿童践行"棍棒下出孝子"或"养而不教"的原则，即教养方式多为放任型或专制型。又受"梯次化"流动特征的现实限制，流动儿童往往对家庭产生疏离感，流动儿童与父母之间没有建立良好的亲子关系和亲密的依恋关系。这不仅不能缓解流动儿童的负面情绪，甚至会对流动儿童的心理健康造成直接伤害（汪传艳，2021）。在对"小辣椒"的调查中，我们了解到她11岁时父母离异，父亲因重男轻女，经常殴打她，她与父亲的关系非常糟糕，甚至在一次被家暴后离开了家。直到她进监狱后父亲都未曾来看望她。但她也渴望家庭和家人，她会一直默默等待母亲的来信，会小心翼翼地安慰母亲。她才刚刚18岁，她说她本来的打算是"好好赚钱，存一些积蓄，为老家的爷爷奶奶建新房子，像个家的样子"。而这一切也不能全归因于父母或家庭，中国人民公安大学李玫瑾教授指出："未成年人违法犯罪主要问题来源于家庭，但家庭问题不应简单归结为父母的教育错误，应当关注底层群体的生存处境。"

最后是生活场所的变动对流动儿童心理健康的影响。流动儿童跟随父母离开从小生活的农村来到城市，远离儿时的伙伴与环境，这是流动儿童生活场所的初次变化，也是社会化进程的第一次被中断。此外，流动儿童父母可能因为文化水平低而没有稳定的工作而频繁地搬家，这是他们生活场所的再次变动，因而流动儿童面临再次适应新环境的窘境，其社会化进程再次被迫中断。随着流动儿童流动性的加大，其相对剥夺感水平也呈逐渐上升的发展趋势，流动性给流动儿童带来了主观上的剥夺感（熊猛，2015），而这种剥夺感会对其心理健康造成伤害。这些都提示我们，提高流动儿童生活场所的稳定性，对于保持其健康良好的心理状态至关重要。

5.1.2 学校因素

学校既承担着传授科学文化知识的任务，也关系着学生的情感与心理发育，与儿童青少年健康成长有着密切关系（王平，朱小蔓，2015）。布朗芬布伦纳的生态系统理论指出，学校是青少年生活的重要微环境系统，对个体的适应与发展具有重要影响。研究发现，学校环境可以显著预测青少年的心理健康（雷榕，锁媛，李彩娜，2011）。流动儿童的父母多为进城务工人员，他们的主要精力花费在打工赚钱上，因而流动儿童的大部分时间是在学校与老师、同学一起度过的，故学校因素对他们的影响可能会更强烈。以往研究还发现，同伴歧视和同伴关系不良、学校适应困难等都会对流动儿童的社会适应与心理健康产生影响（于音等，2019；程黎等，2007）。下面将从学校办学条件及教育教学水平、学校和班级氛围与学校人际关系三个方面，阐述学校因素对流动儿童心理健康产生的影响。

第一是学校办学条件及教育教学水平对流动儿童心理健康的影响。大多流动儿童父母由于工作性质的原因，经常无暇顾及孩子的教育问题，就会把孩子完全托付给学校，但是又没有足够的经济基础支持昂贵的择校费。因此，在择校时往往选择距离近且收费较低的学校，而这些学校的办学条件相对较差。学校教师大部分工资偏低，具有较大的流动性，在一定程度上影响了教学的主动性与积极性，因而对学生的身心成长和全面素质的提高关心不够或者心有余而力不足。学校和教师可能只注重部分学习表现优秀的学生，相对忽视更广泛的普通学生，或是过于关注学生的学习成绩与升学率，忽视了学生心理健康的发展。由此可见，流动儿童学校堪忧的办学条件也是流动儿童出现心理健康问题的一个外界诱因。

第二是学校和班级氛围对流动儿童心理健康的影响。学校氛围对学生的适应与发展有重要影响，体现在组织层面、教学层面、人际关系、文化和价值观等多方面。班级是学校的基础单位，而教师与学生是班级的重要组成部分。教师教育方式、师生关系、同辈群体关系、班级亲和度等都对个体成长与心理健康产生影响，良好的班级氛围有助于学生的社会性发展(Wang et al., 2011)。一般来说，良好的学校和班级氛围有助于流动儿童融入城市的学习与生活，获得更多来自老师与同学的支持，消解因感受到与城市儿童之间的差异而产生的负面情绪与认知，进而保持心理健康发展。而不良的学校和班级氛围则容易使流动儿童感知到自身的不利地位，产生不良的情绪与认知，进而影响其心理健康。有研究为考察流动儿童社会文化适应与班级气氛、心理资本的动态关系，分别对 245 名流动儿童进行相关问卷调查，并对其进行了为期 12 个月的提升心理资本的干预训练，结果发现班级氛围越好，流动儿童的自我效能感水平越高，克服困难和挫折的毅力越强，生活目标更加坚定，更加积极乐观，社会文化适应也更好(程绍珍，杨明，程麟，2018)。有研究还指出班级环境对流动儿童的相对剥夺感具有不同程度的影响(叶一舵，熊猛，2017)。处于良好学校氛围中的流动儿童可以更好地专注于学习或其他有益的活动；而在一个校风、学风较差的学校中，受环境的影响，流动儿童也会变得厌学、懒惰甚至自卑偏执，不利于其心理健康发展。

第三是学校人际关系对流动儿童心理健康的影响。流动儿童在校期间主要是在班级中学习和生活，班级是他们的"第二个家"，班级中的师生关系和同学关系会对学生的发展产生重要影响（谢其利，张鸿翼，2021）。纵向追踪研究发现，当师生关系和同学关系良好时，流动儿童在校期间的感觉是温暖、安全的，他们的外化问题行为也相应减少（谢其利，张鸿翼，2021）。古语有云："善之本在教，教之本在师。"教师是人类灵魂的工程师。明庆华（2003）的调查发现，流动儿童即便获得了就地入学的机会，在学校教育教学活动中，受到不公平对待与歧视的情况也偶有发生。研究者采用中国教育追踪调查数据发现，教师关怀可以帮助流动儿童适应学校和变动的环境，形成正确合理的自我意识，促进流动儿童心理健康发展（童星，缪建东，2020）。因此，教师真心实意地接纳流动儿童，公平公正地对待他们，将会对流动儿童的心理健康产生积极影响。研究还表明，流动儿童的孤独感比城市儿童更强烈，其中同学交往方式是引起孤独感的主要原因（史晓浩，王毅杰，2010）。良好的同伴关系不仅可以作为参照群体发挥示范作用，而且还可以为流动儿童提供归属群体，帮助他们更好地适应城市生活。但是事实上，很多流动儿童认为城市儿童对其持否定态度，认为"他们有时瞧不起我们，不和我们玩"，即使与城市儿童交往也会隐瞒流动儿童的身份。而这样的想法与行为都不利于流动儿童形成良好的同伴群体，甚至会进一步加剧他们自卑、焦虑的负面情绪，对其心理健康发展造成阻碍。

5.1.3 社会因素

生态系统理论认为，社会因素是影响个体身心发展的重要宏观系统。随着城市化和现代化的发展，越来越多的外来人口带着家人涌入城市寻求机遇，而这种"家庭化"迁移使大量流动儿童出现。学术界的研究也从过去关注农民工子女的教育问题转向如今重视流动儿童城市适应的问题(冯帮，兰欣，2017)。流动儿童群体的产生既有外在的社会文化变迁的影响，又有流动儿童自身社会适应不良等因素的作用。家庭和学校是流动儿童生活的重要场所，社会也会对流动儿童的心理健康造成积极或消极的影响。社会控制理论认为，青少年暴力犯罪、出现不良行为，其原因在于与社会之间的联结过于薄弱。因此，下面主要探讨社会支持对流动儿童心理健康的作用(Hirschi，1969)。

从农村来到城市，老家原有的社会支持网络被打破也会对流动儿童的心理健康造成不利影响。社会支持的概念来源于 20 世纪 60 年代精神病学的研究，研究者将社会支持作为个体从社会网络中获得的一般或特定的支持性资源，这种资源可以帮助个体应对工作生活中的问题与危机，还会对个体身心健康和主观幸福感起到积极作用。社会支持的主效应模型认为，社会支持对个体的适应状况有普遍的增益作用，获得的社会支持越多，个体的适应状况就越好(Barrera，1988)。但对于从农村迁入城市的流动儿童而言，农村原有的社会支持网络被打破，城市生活中新的社会支持网络尚未建立，缺乏足够的社会资源。甚至有部分流动儿童还会被公开歧视或不公平对待。依据社会支持的威胁模型，某些压力事件特别是创伤性事件或耻辱事件(如歧视体验)，会导致流动儿童知觉到的社会支持减少，进而导致其出现心理健康问题。城市居民对农民工及其子女的不同态度，会对流动儿童的心理健康发展产生不同的影响。如果城市居民对流动儿童持积极的态度，可以帮助流动儿童更快建立新的社会支持网络。社会支持的缓冲作用模型指出，社会支持能够缓冲压力事件对个体身心状况的消极影响，提高个体的心理健康水平。如果城市居民对流动儿童持有消极、否定的态度，不仅会让流动儿童体验到被歧视感，还会影响流动儿童与城市儿童建立的同伴关系。研究表明，父母教育方式会影响孩子的社会支持行为，父母消极的态度会让孩子不仅不对流动儿童表达善意，还会故意欺负他们（王雁飞，2004）。实证研究也发现，流动儿童受欺负的比例高于城市儿童，经常受欺负者除身体伤害外，还会伴随学习成绩下降、注意力分散、失眠、做噩梦等不良状态，严重的还会出现自杀行为（于音等，2019）。因此，为了促进流动儿童身心健康发展，社会各界应该给予流动儿童更多的支持，公平公正地对待他们，减少对他们的刻板印象。

5.1.4 启示与建议

本节内容主要从家庭、学校和社会三个方面探讨了环境因素对流动儿童心理健康的影响。然而经验告诉我们，影响流动儿童心理健康的环境因素远不止这些，学校心理健康教育水平、社区文化氛围等因素也可能对流动儿童的心理健康产生影响。但无论是家庭因素、环境因素，还是社会因素对流动儿童的心理健康影响都不是单独起作用的，而是多种因素共同作用的结果。布朗芬布伦纳的生态系统理论将影响个体发展的环境因素归为微观系统、中观系统、外观系统及宏观系统（Bronfenbrenner，1986），其中微观系统指个体必须直接面对和亲身接触的生活环境；中观系统指个体所处的各微观系统之间的相互关系或者相互作用；外观系统指那些儿童并非直接参与但会对他们的发展产生影响的系统；宏观系统指以上3个系统中的文化、亚文化和社会环境。根据该理论的解释与相关研究，我们认为影响流动儿童心理健康的环境因素主要集中在微观系统、外观系统和宏观系统。在微观系统方面，流动儿童的家庭环境、学校环境及社区环境总体上处于相对不利的地位。流动儿童的家庭社会经济地位普遍偏低，就读的学校大多是打工子弟学校或者城市远郊的公立学校，他们大多居住在城乡接合部，社区环境不够安静和整洁，治安状况较差；在外观系统方面，流动儿童的父母大多从事时间长、负荷高、报酬低的体力劳动，这种职业特点可能导致父母在子女教育方面的时间、精力和资金投入不足，流动儿童的物质和精神需求得不到很好满足；而在宏观系统方面，我国城乡分割的二元经济体制和户籍制度及其潜在的城乡文化差异，不仅使流动儿童感受到一定的社会排斥，而且使他们可能出现自我身份的认同危机，并面临适应城市社会文化的多重压力。家庭和学校是影响儿童成长发展的重要环境，家庭和学校之间的互动形成了儿童的中观系统，良好的中观系统对儿童的健康发展至关重要。为了更好地帮助流动儿童健康成长，我们需要了解各类环境因素对流动儿童的影响，有针对性地提出解决措施。政府应提供流动家庭的政策支持与法律保护，减少社会歧视，引导流动儿童融入城市文化，帮助他们适应城市的语言、行为方式等；父母应提高自身素质，给予流动儿童更多关注与爱，充分尊重流动儿童，增强亲子沟通与互动，创设和谐的家庭关系；学校应树立正确的管理制度与校风，营造和谐的班级氛围，加强心理健康教育；教师应公平、认真对待每位学生，让流动儿童有归属感，从而健康成长。

延伸阅读

家庭、学校和社会都应采取有效的措施帮助流动儿童建立或完善社会支持系统。具体来说，政府应努力推进户籍制度改革，媒体和舆论应加强正面引导，从而为流动儿童营造良好的外部成长环境；家长应多给子女一些关爱和支持，特别是精神上的，如多一些表扬和肯定，少一些批评和否定；相关学校的教师也应多给流动儿童一些关心和信任，多给他们一些体验成功的机会（如课堂发言讨论的机会、担任班干部的机会），从而提高他们的自我价值感和自尊感，进而提高其主观幸福感。

5.2 个体因素对流动儿童心理健康的影响

素质—应激模型认为，心理健康问题和心理疾病发生的原因不仅有环境应激因素，还有个体本身的素质性因素。前面主要从家庭、学校和社会三个方面论述了影响流动儿童心理健康的环境应激因素，下面将主要介绍影响流动儿童心理健康的个体因素。基于已有研究发现，认同整合、人格类型、歧视知觉、自尊和生活满意度等个体因素都会对流动儿童的心理健康产生影响。通过文献归纳与梳理，我们发现影响流动儿童心理健康的个体因素主要包括人口统计学变量和个体特征因素，本节将以此为主要脉络具体阐述个体因素如何影响流动儿童的心理健康。

5.2.1 人口统计学变量

人口统计学变量是用来表征个体人口学特征的一些变量，主要包括性别、年龄、民族、文化水平、社会经济地位和受教育程度等。已有大量文献支持性别和年龄等人口统计学变量对个体心理健康的重要作用。综合流动儿童的相关研究和实证调查，我们将性别和年龄作为影响流动儿童心理健康的主要人口统计学变量。

不同性别的流动儿童在心理健康水平上存在差异，总体上看，流动女童的心理健康水平低于流动男童。调查显示，流动儿童的心理健康水平在性别上存在显著的差异，女孩的心理健康水平显著低于男孩(蔺秀云等，2009)。这可能与中国传统文化对女性要求的限制和女性身上的某些特征有关。首先，传统观念认为男孩是传承血脉、继承家产的人选，为了保证香火延续、家产传承，一些家庭重视男孩，轻视女孩。这种重男轻女的观念在经济欠发达地区或者文化水平较低的家庭根深蒂固。因此有些流动家庭会选择让女孩早早辍学，提前进入社会打工补贴家用，这种传统观念不利于女孩的心理健康。其次，女孩心思细腻，比男孩拥有更强的人际敏感性和共情能力，她们评估情感的能力更强、准确性更高（刘艳，谷传华，2015），因而她们更容易知觉到身边人对她们的歧视和不公的态度，缺乏安全感。此外，流动儿童的父母大多起早贪黑地工作，很多时候不能给孩子合适且及时的教育与关心。研究发现，流动男童比女童具有更高的生活满意度，流动男童普遍认为来大城市后可以开阔视野，接触不同的人、事物及了解各种信息，他们总体上对生活感到比较满意（王瑞敏，邹泓，2010）。面对不公和歧视，流动男童会通过各类运动或活动向外发泄，不易积压负面情绪，形成心理问题。但当女童处在一个全新且不公的环境中时会选择对内的拘束和压抑自己，负面情绪难以得到宣泄，心理问题也随之产生。流动女童遭遇校园暴力事件的可能性更大。当一些流动女童被欺负时，她们不敢反抗，甚至不敢说出来，长时间压抑自己。随着时间的流逝，她们脸上的笑容越来越少，有的甚至选择封闭自己。因此这也提示我们，应重点关注流动儿童中女孩的心理健康问题，给予她们充足的关爱和帮助，维护其心理健康。

流动儿童心理健康水平在年龄上也存在差异。心理健康的双因素模型指出，心理健康不仅仅是心理疾病的消除，也不仅仅是拥有高水平的主观幸福感，而是一种两者结合的更完全的状态，包括心理疾病的消除和高水平主观幸福感的存在。心理健康既包括消除消极的心理状态，也包括获得积极的心理体验。调查发现，在快乐感上，七年级的流动儿童显著高于八年级；在积极情感上，七年级显著高于八年级和九年级（龚田波，2007）。这说明流动儿童年龄越小，获得的积极体验越强，心理健康水平越高。中国有句俗语"少年不识愁滋味"，年龄小的儿童可以"忙趁东风放纸鸢"，可以"儿童急走追黄蝶"，但初中生需要"读书破万卷"，面临着学业和升学的压力。从年级发展的角度看,小学流动儿童正处于无忧无虑的阶段,对现实问题考虑较少,且学业负担较轻,但初中流动儿童即将面临升学与就业、是否返回老家等诸多现实问题(王瑞敏,邹泓,2010),因而初中流动儿童更可能出现心理健康问题。在我国文化中,年龄是一个很好的保护因素,父母会因为孩子年龄小而给予他们更多的保护,不愿意孩子过多接触流动人口存在的现实问题。根据心理—社会发展阶段理论,小学阶段的心理社会危机主要是"勤奋对自卑",小学生受外界的干扰小,可以因为一件小事开心一天;而初中是同一性对角色混乱阶段,初中生已经进入青春期,自我意识高涨,思维中的自我中心再度出现,容易在心理上制造出一些"假想的观众",心理健康易受其他因素影响。而且随着流动儿童自我意识的成熟,社交网络进一步扩大,认识到自己的家庭处于相对不利地位,想要改变现状的责任感也随之出现,同时父母"跃农门"的期望也寄托在流动儿童身上。现实会让他们成长,很多从前不必思考的事情也必须去考虑。另外,基于部分家庭对学校信息获取不足、生活场所的频繁变动,以及对学校的教学质量、所使用教材、离居住地的距离等因素的考虑不足,一些应届流动儿童往往不能顺利在城市上学,出现无法和同龄人一起上学和正常交往的现象。不同年龄儿童的心理成熟度不同,没有得到与同龄人交往的机会,导致他们的焦虑和孤独倾向水平更高一些。如果没有一个适合他们的小群体,得不到同龄同伴的支持,他们会将自己与班级割裂开,孤独感水平更高。

5.2.2 个体特征因素

事物的本身并不影响人,人们只受对事情看法的影响,是唯物还是唯心,还是什么都不是。

——叔本华

两个秀才一起进京赶考，但是一个秀才名落孙山，而另一个秀才却金榜题名。名落孙山的秀才是因为看到了"倒霉的"棺材情绪不好造成了文思枯竭；金榜题名的秀才是因为看到了代表"好兆头"的棺材而文思泉涌。同样是看到棺材，但两个秀才因不同的个体特征而有不同的反应和结果。大量研究也发现个体特征因素（如归因方式、歧视知觉等）会对流动儿童的心理健康产生影响。下面将主要论述认同整合、人格特征、应对方式、团体归属感及相对剥夺感等个体特征因素对流动儿童心理健康的影响。

1. 认同整合

认同整合指某一个体（或团体）对同时拥有两种或两种以上不同社会角色或不同身份之间关系的看法，它会对个体的心理健康产生影响，双文化认同整合水平低的个体甚至可能出现抑郁等心理疾病（Cheng, Sanchez-Burks, & Lee, 2008）。艾里克森认为，对多个自我表征进行整合是认同发展的重要过程。不同身份认同如果不能统合为一个整合的认同，那么就可能引发认同危机并影响个人的健康发展和社会适应。高认同整合水平的个体能根据情境转换成相应的文化图式，更容易适应环境改变导致的压力情境，社会关系更和谐；低认同整合水平的个体对自己不同身份的认知是冲突和分离的，在社会融合中会体验到更多压力和歧视，社会关系较差。认同整合是流动儿童社会融合的最终标志（Benet-Martínez et al., 2002）。流动儿童拥有农村人和城市人的双重身份，这两种身份认同的整合水平对其社会融合与适应具有较大影响，是心理健康发展的重要保护因素（倪士光，李虹，2014）。但是一部分流动儿童面临着认同困难：他们一方面积极学习城市生活的角色，努力向城市群体靠拢；另一方面由于在城市生活中受到诸多限制而无法彻底抛弃农村人的身份。研究发现，当个体处于重要社会变革的威胁时，认同整合的发展将会受到阻碍（Scheepers & Ellemers, 2005）。因此，当流动儿童面对两种身份发生冲突时，若不同身份认同不能统合为整体，那么就可能引发流动儿童的认同困难和危机，进而影响其心理健康发展(Kroger，2006)。

高认同整合水平的个体会出现同化效应，即行为与身份启动的情境相一致的倾向。高认同整合水平的流动儿童暴露于城市文化时"行为更像城市人"，而在农村时更适应农村(Benet-Martínez et al,2002)。这是因为良好的认同整合能够帮助流动儿童更快适应新的环境，更好融入新的团体，拥有更为广泛的人脉，遇到问题也会更愿意依靠他人和团体成员的帮助，意识到自己可以同时且融洽地属于不同的环境。无论是从农村到城市，还是从城市到农村，都清楚地明白自己是谁，将要去哪里，会成为什么样子，如何适应社会，在社会中处于何处，同时接纳农村和城市。无论在哪里都可以获得优异的学习成绩、融洽的人际关系，克服各种挫折，心理得到积极发展，明白自己存在的意义。低认同整合水平的个体会表现出对比效应，即行为与身份启动的情境不一致的倾向，他们在城市文化启动时更像农村人，而在农村文化启动时更像城市人。农村人的身份和城市人的身份的混淆或割裂，阻碍了流动儿童对新环境的探索，致使他们不愿意接近、依靠他人，进而无法获得较多的社会支持，也就出现了心理健康问题。陶惠新(2012)的研究表明，流动儿童双身份的认同整合与心理适应存在显著相关，并且流动儿童双身份的认同整合程度能够显著预测心理适应的各项指标。倪士光和李虹(2014)以1307名流动儿童为被试的研究也发现，流动儿童的认同整合与心理健康呈显著正相关，即高认同整合水平的流动儿童，其心理健康水平更高。

2. 人格特征

人格是个体在社会适应过程中，对人、对事、对物做出反应时，其自身所显示出来的异于他人思想、情感及行为的特有模式，这个独特模式包含一个人区别于他人的稳定而统一的心理品质。人格具有功能性，在一定程度上会影响一个人的生活方式，甚至决定某些人的命运。心理健康、问题行为与个体稳定的行为风格和人格特征有关。不同人格特征的流动儿童面对同一件事情，态度、认知和行为存在差异。例如，部分流动儿童在其社会化的过程中会形成既不同于城市同龄儿童又不同于家乡同伴的边际人格，这种边际人格将对他们的心理健康产生一定的负面影响（张秀琴，王挺，王蓓，2014）。还有一些研究得出了流动儿童正性人格特征表现较少、负性人格特征表现更多的结论（郑友富，俞国良，2009）。

在气质层面上，人的气质是先天形成的，并无好坏之分，但不同的气质类型对流动儿童的心理健康会有不同的影响。多血质的流动儿童活泼好动，善于交际，容易接受新事物和融入新环境，可以更好更快地适应城市生活，获得更多的社会支持；胆汁质的流动儿童坦率热情，精力旺盛，但脾气暴躁，易冲动；黏液质的流动儿童安静稳重，善于控制自己，但感受性低，灵活性不足；抑郁质的流动儿童感受性强，情绪体验深刻，但优柔寡断，容易恐惧，心理问题易感性水平更高。气质是一种稳定的心理特征，不能决定个体的社会价值，但是研究不同气质类型的流动儿童，可以引导教育工作者采取不同的教育方式有针对性地促进流动儿童的心理健康发展。

在人格类型层面上，调查结果显示流动儿童的外倾性、神经质、开放性、掌控感和乐观对主观幸福感有稳定且显著的影响，其中大五人格起主要的预测作用（王瑞敏，邹泓，2008）。人格五因素中的外倾性、开放性和宜人性能正向预测神经质，负向预测流动儿童的自尊；外倾性能正向预测流动儿童的主观幸福感，而神经质、开放性能负向预测流动儿童的主观幸福感；神经质和开放性能正向预测流动儿童的外化问题行为，宜人性和谨慎性能负向预测流动儿童的外化问题行为；神经质和开放性能正向预测流动儿童的内化问题行为，外倾性能负向预测流动儿童的内化问题行为（柯锐，2007）。总之，不同的人格类型对流动儿童的心理健康会产生不同的影响。相较于内倾性的流动儿童，外倾性的流动儿童的心理健康问题可能更少；高宜人性的流动儿童会坦率地看待自己，勇敢承担责任，做利人利己的事情；而低神经质的流动儿童对自我认识更积极，不轻易以悲观的想法预测自己与他人。另外，研究还发现人格在家庭亲密度与内化问题行为之间起部分中介作用，在家庭亲密度与外化问题行为之间起完全中介作用(李晓巍等，2008)。由此可见，人格特征是流动儿童心理健康水平的一个重要预测变量。

3. 应对方式

已有研究显示，流动儿童可能会受到来自社会、学校、教师和同伴不同程度的排斥与歧视。通过理论和文献分析发现，应对方式也是影响流动儿童心理健康和外化问题行为的重要因素(熊猛，叶一舵，2011)。应对方式指个体在面对应激事件时或在应激环境下，对某个事件或环境做出一定评价后，为平衡自身精神状态所采取的措施(张林，车文博，黎兵，2005)。根据应对的功能不同，有研究者将应对方式分为积极应对和消极应对。其中积极应对包括主动解决问题、寻求他人帮助、积极地重新建构等策略，而消极应对包括自我责备、逃避、分心、幻想等。积极应对会削弱压力对心理健康的负面影响，而消极应对则会增强压力对心理健康的负面影响。

流动人口的户籍管理制度所带来的不公正对待及歧视知觉，使得流动儿童的心理健康状况堪忧。研究发现，流动儿童在处理不利处境时，消极应对是他们主要的应对方式(屈卫国等，2008)。流动儿童本身承受的各方压力比城市儿童多，因而他们更容易产生心理健康问题。挫折—侵犯假说主张"挫折会导致某种形式的侵犯"，而且"侵犯行为意味着此前存在挫折"。例如，当流动儿童与城市儿童发生矛盾和争吵时，教师在未了解具体原因之前就认定流动儿童需要道歉，流动儿童也采取消极应对的方式，按照教师的要求向城市儿童道歉。这对于流动儿童来说，就是一次因歧视而产生的挫折体验。之后流动儿童可能会感受到心理紧张（即侵犯冲动被唤醒），面对心中的侵犯冲动，流动儿童在未来也许会通过外显的侵犯行为来缓解自己内心的冲动与焦虑，以此获得平衡的体验，如用各种违纪行为或回避表达对教师的不满。如果流动儿童采取积极应对的方式，可能就会产生不一样的结果。研究还发现，流动儿童的积极应对方式对流动压力与抑郁的关系具有显著的负向调节作用，即积极应对可以缓冲流动压力等负面因素对流动儿童心理健康的影响。法国学者认为，中国流动儿童与国际移民儿童的情境是十分相似的，而在对移民应对方式的研究中发现同一种应对方式在不同文化背景中可能会产生不同的结果，即"社会文化会影响应对方式的调节效果"。在那些具有个体主义文化特性，崇尚以面质、质询等对抗性的方式来解决问题的群体中，积极应对是一种可削弱压力对心理健康负面影响的有效应对方式，而消极应对是一种会增强压力对心理健康负面影响的无效应对方式。一项以180名加拿大籍朝鲜移民为被试的研究发现，知觉到种族歧视对抑郁水平有显著的正向预测性；在控制无关变量和主效应后，直接对抗对歧视知觉与抑郁的关系有显著负向调节作用，直接对抗能缓冲歧视知觉对抑郁的消极影响，即积极应对能抑制不利因素对个体抑郁的影响，对个体的心理健康产生积极作用；而被动接受和情绪转移等消极应对方式与歧视知觉的交互作用对抑郁的预测作用显著，说明消极应对方式对歧视与抑郁的关系具有增强作用，消极接受或以无理取闹的行为反抗，都只会提升歧视知觉和抑郁水平（Samuel & Violet, 2003）。而在那些具有集体主义文化特性，崇尚以忍耐、妥协等回避性的方式来解决问题的群体中，积极应对反而是一种无效的、会增强压力对心理健康负面影响的应对方式，而消极应对才是可以保护个体心理健康不受压力损伤的有效应对方式。还有研究以居住在加拿大的647名东南亚裔难民为被试,结果发现忍让与克制的消极应对方式能减轻遭受歧视与抑郁之间关系的联结强度,而直接对抗的积极应对不能调节遭受歧视与抑郁之间的关系(Noh et al., 1999)。同样的应对方式,对于处在不同文化和价值观中的被试,其产生的作用是完全不一样的。因此,在考察流动儿童应对方式对其心理健康的影响时不能一概而论,需要基于不同的文化背景具体分析。

归属感是一种在团体中被接纳、被重视、被包容的感觉。对于学习而言,归属感可以让人全身心投入、不受负面情绪干扰,从而提升学习效果。

——丹尼尔·L. 施瓦茨

4. 团体归属感

1943年,美国心理学家马斯洛提出了需要层次理论。在他看来,归属与爱的需要是个人需要与他人建立情感联系,获得集体认同与关注,是一种缺失性需要。只有这一需要得到满足或部分满足后,人们才有可能体验到自我实现。归属需求理论也指出,人先天具有归属于某个群体的本能(李超平,徐世勇,2019)。受集体主义文化潜移默化的影响,中国人可能会比较关注归属与爱的需要的满足,为此甚至愿意通过牺牲个人利益来获得集体的认同,进而产生团体归属感。团体归属感是指团体成员基于对团体的存在和发展状况及自己在团体中的地位和处境等客观因素的认知,而在心理上产生的对该团体的认同、满意和依恋,是归属感的一种,可分为学校归属感、社区归属感、城市归属感等。团体归属感会对个体的心理健康产生显著影响。当人们体验到团体归属感时,会更加健康与快乐;相反,当缺乏团体归属感时则会产生焦虑、抑郁、愤怒、悲伤等消极的情绪体验,甚至出现自杀行为(Barbara, Brenda, & Philip, 2007)。以往研究发现,团体归属感与主观幸福感之间存在显著正相关，即较低水平的团体归属感对大学生的主观幸福感具有显著的负向影响(陈晶晶等，2011)。在流动儿童心理健康的研究中，团体归属感也是重要的影响因素。

流动儿童的团体归属感主要是在流入城市的社区环境和就读的学校，与同辈群体交往、参与学校集体活动及对城市的感受中形成和发展的。其中，城市归属感是指进城务工就业的农村人口在实现由农村向城市非农产业转移后应当归属于城市社会的一种情感表达、心理认同和依恋。但由于农民工在城市的社会流动受到了多方面的阻碍与歧视，农民工对城市普遍缺乏心理认同与归属感。在流动儿童父母对城市缺乏归属感的情况下，流动儿童的城市归属感也不理想，因而流动儿童的城市归属感水平显著低于城市本地儿童。学校是流动儿童主要的社会化机构和场所，学校归属感是影响流动儿童适应的关键因素，是自杀意念和暴力行为等危险行为的保护因素(Resnick，1997)。研究发现，流动儿童的学校归属感可以显著预测其攻击性行为(张樱樱等，2021)。总体来看，流动儿童的学校归属感水平较低。低学校归属感水平的流动儿童对学校的依恋不足，对学校共同的价值观和道德观不认同，在学习上投入的时间与精力不够，并且不愿意参与学校的活动。在这种背景下，部分流动儿童可能通过逃学、沉迷于网络游戏等退缩行为来表达自己的不满。甚至部分流动儿童会对学校和城市产生痛恨之情，进而发展到故意违反学校和社会的管理制度，破坏学校、社区和城市的公共设施，以此来发泄对学校和城市的不满与愤恨，出现极端的心理问题。因此，团体归属感是一个影响流动儿童心理健康的重要的个体因素，可以通过提高流动儿童的团体归属感进而促进其心理健康。首先，学校应使流动儿童明确地意识到自己是所在学校的学生，并且感知到学校为其提供的良好的学习条件、教师对他们的信任与鼓励及同伴的友好接纳，从而激发他们的集体感和荣誉感，感知到更多来自学校的社会支持。其次，流动人口社区可以完善基础设施，为流动儿童提供活动场所，还可以举行一些亲子活动，增强他们对社区的归属感。最后，城市居民也应消除对流动人口和流动儿童的歧视，公平公正地对待他们，流入地政府也需要出台相关政策，维护流动人口在教育、医疗和住房等方面的平等。

5. 相对剥夺感

相对剥夺感的核心过程是社会比较（熊猛，叶一舵，2016）。社会比较理论认为，个体会把自己的处境和地位与具有类似生活情景的人进行比较，最终形成一个关于自己的评价。研究者按照比较的方式将社会比较划分为平行比较、上行比较和下行比较，下行比较容易产生相对满意感或满足感，而上行比较可能会产生两种不同的感受，一种是向上奋斗的进取心，另一种是相对剥夺感或失落感（邢淑芬，俞国良，2005）。实证研究也发现，上行比较产生的相对剥夺感是导致个体抑郁、孤独和低自尊等心理问题的关键因素。研究还发现，在控制了性别和年龄后，相对剥夺感对流动儿童的抑郁具有显著的正向预测作用。以单亲家庭儿童为被试的追踪调查也发现，相对剥夺感可以显著预测个体的心理适应，而心理适应主要包括抑郁、孤独感、焦虑（压力）和自尊等心理健康指标。因此，相对剥夺感也是影响流动儿童心理健康的重要因素。

流动儿童由于家庭、经济、环境等各方面的原因，生活质量相对低下，教育资源比较匮乏，更容易产生消极的发展后果。他们通过与城市儿童的不合理比较，认为自己应该获得的利益失去得太多，体验到一些基本权利被剥夺的感觉，从而产生主观上的相对剥夺感。高相对剥夺感水平的流动儿童会愤怒、不满、敌对、心理不平衡，这些负性情绪体验和主观认知会对流动儿童的心理发展造成损害，甚至出现自杀或攻击性行为。经典的相对剥夺理论认为，个体主要通过与他人比较来评价自身的处境与地位，处境不利的群体成员（如流动儿童)会经常体验到基本权利被剥夺的感觉,这种被剥夺感不仅会使他们失去现实生活中的很多机会,还会对其心理健康带来严重损害(Mummendey et al., 1999)。实证研究发现,相对剥夺感对流动儿童的心理适应和社会适应具有显著的预测作用,即流动儿童的相对剥夺体验越强烈,其心理适应和社会适应水平越低(Xiong, Chen, & Johnson, 2021)。研究还发现,相对剥夺感对流动儿童的社交焦虑具有显著的正向预测作用,而社交焦虑也是心理健康的重要指标(Xiong et al., 2021)。纵向追踪研究也发现,流动儿童的相对剥夺感可以显著预测其攻击性行为(张樱樱等,2021)。

5.2.3 启示与建议

流动儿童是处于成长关键期的未成年人,他们的心理健康关系到未来的国民素质和社会的和谐稳定,因此需要更加关注流动儿童的心理健康问题。我们通常更多关注家庭、学校、社会中不利的环境因素给流动儿童所带来的风险,而对个体特征因素所带来的风险却容易忽视。这提示我们,在考虑流动儿童心理健康的影响因素时,不仅要关注家庭、学校和社会等客观环境因素,还要重视流动儿童的个体特征因素,如性别、年龄、认同整合、人格特征、应对方式、团体归属感和相对剥夺感等,它们都会对流动儿童的心理健康产生影响。相应地,这些个体特征因素也可以成为流动儿童的积极心理品质,促进流动儿童的心理健康。未来希望可以看到更多对流动儿童积极方面的研究、对流动儿童心理健康状况的研究。

心海拾贝

面对这些个体因素,教师与父母需要根据流动儿童的性别、人格等特点对他们因材施教,给予心理韧性差的流动儿童更多的关怀与帮助;流动儿童自身也要积极向上,克服自己的弱势,努力锻炼自己,保持乐观,将自身变得强大,那么流动儿童心理问题最终将能得到解决。

5.3　环境因素与个体因素的交互作用

环境因素制约着流动儿童心理健康发展的现实性，而个体特征因素是影响流动儿童心理健康的内部关键因素。个体—环境交互作用理论认为，个体心理健康是个体因素与环境因素交互作用的结果。虽然在相同的环境下成长，但个体具备的特质不同，其心理健康状况也不同。因此，个体因素和环境因素可能会共同影响流动儿童的心理健康。例如，在对"永和桥斗殴事件"中的"小辣椒"进行分析时，我们发现除了她父母离异、父亲家暴等家庭因素的影响，还与她自身脾气、性格有关。

通过对流动儿童心理健康相关文献的梳理发现，流动儿童的心理健康问题主要集中在品行障碍、情绪情感、问题行为和社会适应四个方面(万增奎，2020)。品行障碍主要表现为流动儿童道德观念的混乱及道德约束力的弱化，流动儿童存在道德认知模糊，对社会共同理想和主流价值缺乏认同的问题。在情绪情感方面，流动儿童在性格上表现为任性、冷漠、内向、孤独、自卑，在行为上退缩、不敢与人交往、不自信，受歧视的流动儿童甚至会对周围的人产生敌意。流动儿童的问题行为突出，容易受到一些不良社会环境的影响，会出现小偷小摸、抽烟、酗酒、抢劫等问题行为，甚至出现违法犯罪等越轨行为。在社会适应方面，流动儿童的社会适应不良问题较为突出，很难完成从农村人向城市人身份的转变，更多认为自己是"边缘人"。总之，流动儿童的心理健康状况堪忧。与城市儿童相比，流动儿童在成长过程中尤其面临着社会经济地位低下、家庭关系疏离、受歧视和不公平对待、同伴关系不良、学校适应困难等多重环境风险，这些都可能导致其心理健康水平下降。但在探究风险因子对流动儿童心理健康造成危害的同时，也有必要关注其自身对风险的抵抗力，积极寻求抵御风险的保护因子，从而帮助其克服"流动"带来的不利影响。个体保护因素可以对挫折和逆境起缓冲与调节作用，某些个体因子具有保护效应，能调节风险因子对心理健康产生消极影响的过程，即保护因子与风险因子之间存在交互作用(Luthar, Cicchetti, & Becker, 2000)。对流动儿童来说，自尊、心理弹性和情绪调节是三个重要的个体保护因子，它们能缓冲不利地位带来的危害，减少不良适应的发生，进而提高流动儿童的心理健康水平(袁柯曼等，2021)。因此，下面将从自尊、心理弹性和情绪调节三个重要的个体保护因子出发，探讨环境因素与它们的交互作用对流动儿童心理健康的影响。

5.3.1 环境因素与流动儿童自尊的交互作用

自尊是指个体在社会化过程中受到家庭、学校和社会等因素的影响，逐渐形成的对自身的情感体验和认知评价，是自我系统的核心成分之一。低自尊水平的个体容易以消极的方式评价自己，认为他人也以同样的方式评价自己，进而出现负面情绪，损害其心理健康；高自尊水平的个体倾向于认为自己是有价值的，较少认为他人的评价具有危险性，感受到的压力相对较小。因此，自尊作为一种重要的个人特质，是个体心理健康的核心指标，也是心理健康发展的重要保护因素(Gupta & Singh, 2019)。例如，个体的自尊水平和焦虑水平呈显著负相关，自尊水平较高的个体更倾向于认可自己的价值和能力，因此能够充满自信地面对困难，焦虑水平更低。大学生的自尊水平越高，其抑郁和自杀意念水平越低(郭素然，2021)。个体的自尊水平会受到社会经济地位、同伴关系、社会比较以及社会支持等多种因素的影响。研究还发现，家庭社会经济地位、父母教养方式、师生关系和同伴关系等环境因素与个体自尊相互作用，共同对流动儿童的心理健康产生影响(周玲婷，2019)。

保护因素的补偿模型指出，保护因素通过抵消压力的破坏性影响而对个体起到保护作用。也就是说，高自尊水平的流动儿童对自身能力和价值的总体评价更为积极，能部分抵消风险因子对流动儿童身心发展的危害，提高其心理健康水平。自尊的恐惧管理理论认为，自尊具有缓冲焦虑的作用(Solomon, Greenberg, & Pyszczynski, 1991)，在面对各种领域风险时，高自尊水平的流动儿童较少地将其评估为具有威胁性，他们感受到的压力相对较小。同时，高自尊水平反映了流动儿童认为自己是有价值的、被群体接受的，更容易获得社会认同感，进而促进心理健康的发展。换而言之，面对生活和学习环境发生的巨大变化，高自尊水平的流动儿童拥有较强的自信心，能产生积极的自我评价，可以缓冲负面因素对其心理健康的不利影响。

家庭社会资本理论指出，儿童发展所需要的家庭资源包括家庭的经济资本、人力资本和社会资本。其中，经济资本指家庭为儿童的发展提供的物质条件；人力资本指父母所学到的知识或受教育水平；社会资本指儿童通过父母及其他家庭成员与外界产生联系所形成的社会关系网络。从前文中可以看出，流动儿童在成长过程中面临着家庭社会经济地位偏低、父母教养方式不良、家庭关系疏离等多重风险，其家庭资本明显低于城市儿童，但是流动儿童的高自尊水平可以缓解这些风险因子对其身心发展造成的损害。研究显示，流动儿童父母大多采取消极的教养方式，如父母心理控制，即父母试图通过操纵亲子间的情感联结和亲密关系，对其思想观念和情绪感受加以控制(Ma, 2015)。高心理控制水平的父母可能会妨碍流动儿童作为独立于父母个体的发展，不利于他们更好地融入和适应外部社会环境。李洁等人(2021)为探讨父母心理控制对流动儿童社交焦虑的影响，通过问卷法对1063名11~14岁的流动儿童进行调查，结果发现自尊作为重要的心理资源可以发挥保护作用；父母心理控制可能会对流动儿童的自尊造成一定损害，使得流动儿童无法形成积极的自我评价，其自尊水平随之降低，焦虑体验随即产生并不断膨胀，进而影响其心理健康水平。总之，流动儿童的家庭环境因素与自尊会相互作用，共同对流动儿童的心理健康产生影响。

学校社区感是学生在学校中所产生的一种情感，其中包括归属感、支持感及依恋情感等。拥有较高学校社区感水平的流动儿童能够较快地适应学校生活，与同学和老师相处融洽，积极参加团体活动，更容易得到外界的支持和理解，有利于提升其自尊水平和自我价值感，进而减少问题行为的产生。研究发现，自尊在流动儿童学校社区感与问题行为之间起部分中介作用（王琪，2017），换而言之，学校为流动儿童提供更好的环境，有利于提高其学校社区感，进而影响流动儿童的自尊水平，减少他们的问题行为。同伴接纳和自尊会共同影响流动儿童的外化问题行为（张春妹等，2020）。研究还发现，与非流动儿童相比，流动儿童的同伴接纳和友谊质量低于城市儿童，同时较差的师生关系也会导致流动儿童的同伴接纳水平降低。同伴接纳水平越低，流动儿童的自尊水平越低，外化问题行为越多。如果流动儿童拥有较高的自尊水平，就可以发挥自尊的保护作用，缓解不被同伴接纳的消极影响，提高流动儿童的心理健康水平。

社会支持是指保护人们免受压力等不良影响的有益人际交往，是个体从外部社会环境中得到的支持性资源。良好的社会支持能够缓解个体适应环境过程中的心理压力。与城市儿童相比，流动儿童感知到的社会支持较少，部分流动儿童还会因自己所属的群体而受到有区别的或不公平的对待与歧视。但是流动儿童的高自尊水平，能够缓冲日常生活中负性因素的影响，对流动儿童的心理健康具有促进作用。研究发现，流动儿童的自尊与社会支持呈显著正相关（刘青云，王艺静，刘正奎，2020），自尊能够调节歧视知觉，通过群体可渗透性影响流动儿童社会融入的路径(郝振,崔丽娟,2014)。压力应对理论提出,受歧视是处境不利群体成员的重要压力来源,它会使处境不利群体成员(如流动儿童)处于应激状态,并最终导致一系列如抑郁、焦虑的压力反应。在流动儿童的城市生活中,不论是"农民工子女",还是"流动儿童"等称呼都已经逐渐演变成带有身份标识的概念,将他们与城市儿童进行分隔,并被贴上"穷""不讲卫生""问题行为"等污名化标签。在现行的户籍制度和城乡二元管理体制的社会背景下,污名化的身份意识极易使流动儿童产生强烈的歧视知觉,成为损害他们心理健康的危险因素,而高自尊水平的流动儿童倾向于采取各种积极策略来达到更好的社会融入。

总之,自尊在个体适应新的社会环境、减少问题行为中起到重要作用,能有效减少个体的负性情绪,维护心理健康。虽然研究表明流动儿童的整体自我评价水平要低于城市儿童,其自尊水平也显著低于城市儿童,但是可以通过改善流动儿童的发展环境,提高流动儿童的自尊水平来促进其心理健康。当流动儿童因自身家庭社会经济地位体验到不公正对待和歧视时,会触发其低自尊水平的自我评价,这种评价是流动儿童出现心理健康问题的主要原因。因此,流动儿童的心理健康不是单一因素的作用,而是环境因素和个体自尊交互作用影响的。这提示我们,保护流动儿童的心理健康,不仅要关注流动儿童的客观发展环境,还要关注其自尊等个性特征因素。

5.3.2 环境因素与流动儿童心理弹性的交互作用

塞利格曼认为,积极的心理品质对个体抵抗逆境、积极适应具有重要的缓冲作用。心理弹性是一种典型的积极的心理品质,根据不同的研究视角,可分为结果论、特质论和过程论三种取向。无论是哪一种取向,它们均体现出"个体对困境和创伤的积极适应"这一核心特征。心理弹性可界定为个体遭遇逆境和挫折后迅速恢复并适应的良好能力，是一种重要的压力应对资源(Connor & Davidson，2003)。一方面，心理弹性可以通过调动个体的积极情绪、改变个体对危险因素的认知和创设支持性的社会网络等作用机制为处于危险因素中的个体提供保护；另一方面，心理弹性可以使处于不利环境中的个体能在外界的环境压力下适应并迅速恢复。研究发现，高心理弹性水平的个体能更好地适应环境，促进自身的心理健康，即心理弹性是儿童心理健康的重要保护因素(Pietrzak et al. , 2010)。心理弹性的过程模型指出，个体在面临困境时会调动内外保护因子来抵抗逆境和压力，能否顺利适应就体现了个体已有的心理弹性水平。因此，心理弹性可能在流动儿童适应城市生活、保持身心健康发展中起重要作用。

研究发现，即使处境不利，部分流动儿童依然具有良好的城市适应能力和心理健康状态。究其原因，我们发现这部分流动儿童的心理发展一般遵循"处境不利—心理弹性—发展良好"的路径(彭阳，王振东，申雯，2015)。具体来说，高心理弹性水平的流动儿童在面对创伤或消极生活事件时会更加积极主动地调整情绪和寻找解决问题的办法，充分运用自身的积极态度和情绪及环境中的支持性社会关系来应对遇到的逆境和创伤，从而缓解压力事件的影响，打破连锁的负向影响效应，减小个体出现适应不良和各种心理问题的可能性并促使自身良好发展。流动儿童的心理弹性在不同风险领域的作用机制有所不同，心理弹性在同伴和学校风险中均起到补偿效应，而在家庭关系风险中则起到保护效应。这可能是因为心理弹性应对累积情境风险的过程是一种自我调节行为，经常在情境发生改变时发挥作用(Jiang et al. , 2019)。总之，流动儿童迁入新居住地后，面临着各种风险因子的威胁，心理弹性能够提高其应对潜在威胁的能力，适应新的环境，从而部分缓解风险因素对流动儿童心理健康发展的不利影响。

家庭作为流动儿童发展的重要场所，对流动儿童生理及心理与行为的发展具有重要影响。流动儿童可以利用来自父母的照料、陪伴、安慰等保护因素，抵御不良风险因素的影响，促进心理健康发展。然而，很多流动儿童的家庭环境不良，不利于流动儿童的心理健康发展。例如，家庭环境纷杂度是流动儿童不利家庭环境因素的一类，指家庭环境具有高噪声、拥挤及低秩序性、无规律性的特点。相关研究表明，家庭环境纷杂度与处境不利儿童问题行为中的退缩行为及其他外化行为高度相关，不利于儿童的心理健康发展（黄鹤，杨宁，2019）。心理弹性的保护模型指出，尽管危险因素会对个体的发展产生不利影响，但心理弹性可在其中担当调节器，它和危险因素的交互作用会减小消极后果发生的可能性（朱清等，2012）。心理弹性可作为保护因素与家庭环境纷杂度相互作用，缓解家庭环境纷杂度给流动儿童心理健康发展带来的消极影响。亲子关系也是家庭环境因素中需要考虑的影响心理健康的重要因子。流动儿童由于小时候与父母分离，可能会对其亲子依恋产生不利影响，但高心理弹性水平的个体能更好地适应环境，保护自身的心理健康。研究发现，流动儿童的亲子依恋和心理弹性会共同对其城市适应产生影响。研究还发现，心理弹性在家庭功能与社会文化适应和心理适应之间起中介作用，提升流动儿童的心理韧性可以成为促进其良好文化适应的一个有效策略（张丽敏，2014）。流动儿童的心理弹性与其家庭环境因素会产生交互作用，共同作用于流动儿童的心理健康发展。

研究表明，同伴侵害对儿童的心理健康发展有严重不利的影响，其中与抑郁的相关程度最高。心理弹性作为重要的保护因素之一，能在个体经历挫折和困难时发挥重要的积极作用，缓解危险因素对其心理健康发展的消极影响。研究发现，心理弹性对同伴侵害与抑郁的关系具有显著的调节作用，同伴侵害对抑郁的预测作用在心理弹性的不同水平上存在显著差异，其中对高心理弹性水平的个体而言，同伴侵害对抑郁没有显著的预测作用(叶枝，林丹华，2015)。研究者还采用潜变量增长模型对 426 名流动儿童的流动性、教育安置方式、心理弹性和孤独感进行了四次追踪测查，结果发现公立学校更有利于流动儿童的心理健康发展，在打工子弟学校就读的流动儿童更容易给自己贴上"外来人"的标签，把自己与当地人截然分开，身份认同出现问题，从而引发孤独感。心理弹性是减少打工子弟学校流动儿童孤独感的重要心理资源(叶枝等，2017)。心理弹性能为面临威胁的个体提供保护，并提高他们应对潜在威胁的能力，帮助个体克服逆境带来的创伤，从而部分抵消风险因素对流动儿童心理健康发展的不利影响。

环境因素与心理弹性的交互作用也会对流动儿童的心理健康产生影响。一方面，心理弹性可减缓社会歧视等危险因素对流动儿童的不利影响。歧视是影响流动儿童心理发展的重要因素，很难从第三者的角度进行客观测量，因此对流动儿童所遭遇的歧视的研究主要通过被歧视者的自我报告来反映，即歧视知觉。已有研究表明，歧视知觉与心理弹性存在交互作用，即心理弹性可显著预测流动儿童的问题行为，调节流动儿童歧视知觉与问题行为之间的关系(朱倩等，2015)。另一方面，社会环境因素与心理弹性相互作用，共同影响流动儿童的心理健康。李洁等人(2018)对 258 名流动儿童进行调查，结果发现心理弹性在社会支持与流动儿童社会退缩之间具有完全中介作用，即社会支持通过心理弹性影响流动儿童的社会退缩。

心理弹性的过程模型认为，弹性不是固有的人格特点，而是个体在面临压力时，保护因素和危险因素相互作用，以减小或降低危险因素带来的消极影响，进而维持或重新达成身心平衡的状态，因此心理弹性可被视为保护因素的整体动态呈现。心理弹性会受到负性环境因素的影响，可缓冲负性环境因素对流动儿童心理健康的损害。总之，环境因素与心理弹性相互作用、相互影响，共同促进流动儿童的心理健康发展。

5.3.3 环境因素与流动儿童情绪调节的交互作用

情绪调节指个体运用不同策略对当下的情绪状态施加影响、进行修正的过程，体现了个体对情绪知觉、评估和调整的能力(Gross, 2013)。积极的情绪调节有助于流动儿童的社会交往，并帮助其获得更多关注和认可，进而缓冲危险因素对心理健康的影响；情绪调节困难的儿童易出现各种内外化心理与行为问题，影响其认知、社会功能等方面的发展。研究显示，在情绪调节能力较差的儿童中，拒绝敏感性能够显著正向预测抑郁；而在情绪调节能力较好的儿童中，这一预测作用不再显著，即减缓了拒绝敏感性对抑郁的不利影响(郑沁怡等，2019)。个体通过情绪调节策略对情绪进行调节，情绪调节策略也是儿童社会性发展的重要指标。认知重评和表达抑制是最常用的、最有价值的两种情绪调节策略。情绪调节过程模型认为，认知重评以一种更积极的方式对情境意义进行重新解释或者对情绪事件进行合理化，从而降低消极情绪体验(王振宏，郭德俊，2003)。认知重评发生在情绪反应之前，所以认知重评后的情绪反应方向、大小都可能发生改变，它改变了包括心理体验、行为表达、生理反应在内的情绪反应的全部内容。而表达抑制会降低情绪行为的表达水平，对将要发生或正在发生的情绪行为表达进行抑制，它发生在情绪反应时或之后，主要是对情绪行为表达的抑制，但不会降低情绪的心理体验水平和生理反应水平，甚至因为情绪行为表达的抑制而增强情绪的生理反应。换而言之，不同的情绪调节策略(认知重评、表达抑制)对基本能力感和控制感的影响存在差异。情绪调节多发生和应用于特定的社交情境中，个体评估、适应和调整情绪的能力会影响流动儿童的人际关系和主观幸福感(Wang et al., 2017)。

流动儿童面临着被同伴忽视、社会经济地位低下及亲子亲和水平差等风险，常常出现心理失衡、情绪失衡和适应不良的心理症状，使用情绪调节策略能在一定程度上缓解这些环境压力（赵鑫，张润竹，周仁来，2014）。如果流动儿童倾向于使用认知重评，可以更好地将外界社会支持或者资源内化为自身的发展动力，能够很好地利用这些支持和资源来应对压力，会有效减小或消除风险因子对心理健康的消极影响，形成良好的心理与社会适应；反之，如果流动儿童倾向于使用表达抑制来调节风险因子，就会占用过多的认知资源，可能使风险因子对心理健康产生消极影响。此外，儿童所处社会的文化规范对其情绪调节的发展也会产生影响，西方文化认为宣泄情绪有助于身心健康，而东方文化认为情绪的过度表达容易对人际关系造成损伤，进而不利于心理健康（桑标，邓欣媚，2015）。表达抑制策略可能符合中国文化对情绪调节策略的认识和态度，可以避免情绪表达所带来的潜在人际关系危机，在我国流动儿童的情绪调节发展过程中具有较高的适应价值（刘影等，2016；白丽，陈陈，2018）。因此，情绪调节策略也是缓解环境因素对流动儿童不良影响的一种弹性力量，在流动儿童幸福感和心理健康的发展中发挥着基础作用。

三过程模型认为，儿童情绪调节社会化是在家庭中通过观察学习、情绪教养实践等过程完成的（Morris et al.，2017）。研究者构建了一种家庭环境对儿童情绪调节影响机制的假设性模型，认为家庭基本环境、父母情绪特征、家庭互动三者共同作用影响儿童的情绪调节发展，并假设家庭互动因素主要借由示范—模仿过程、教导—同化过程和反馈—内化过程三个过程作用于儿童情绪调节发展（张育珊，洪黛珊，2017；赵振国，刘文博，2020）。研究发现，家庭嘈杂度会对流动儿童的情绪调节能力产生影响，生活在高收入、低嘈杂水平家庭的儿童具有更好的情绪调节能力。这是因为，一方面，低凝聚力和无秩序的家庭环境会阻碍儿童自我情绪调节能力的发展，干扰儿童对情绪和行为的抑制,增加其心理健康问题出现的可能性。另一方面,家庭嘈杂度会影响父母与儿童的家庭互动方式。在高嘈杂水平环境中,父母倾向于获得和加工更多消极的事件信息,因而情绪调节能力较差(Deater-Deckard et al.,2012)。以往研究发现,父母情绪调节困难能显著正向预测流动儿童的对立违抗症状,情绪调节困难的父母可能更多采取简单粗暴的方式解决亲子冲突,更容易引发流动儿童的心理健康问题(黎燕斌等,2016)。然而,并不是所有的父母情绪调节困难都会造成儿童的心理病理症状,儿童自身的情绪调节还在其中起到了一定的调节作用(Han & Shaffer,2013)。黎燕斌等人(2016)的研究还发现,儿童自身的情绪调节在父母情绪调节困难与儿童对立违抗症状的关系中起着显著的调节作用,说明儿童能够通过自身的情绪调节来缓冲父母情绪调节困难对自己的不利影响,进而改善儿童自身的心理健康状态。因此,情绪调节也是一个很好的保护因子,通过与环境因子的交互作用,减少流动儿童的心理健康问题。

此外,对于青少年而言,他们开始逐渐摆脱父母,同伴的影响超过了家长和老师。以往研究发现,对青少年情绪的影响由大到小的人际压力依次是同伴压力、亲子压力、师生压力和群体压力(徐馨琦,2007)。青少年可能会使用更多的情绪调节策略来缓解同伴压力,情绪调节的保护效应会在不良同伴情境中得以体现。研究还发现,较高的情绪调节能力能缓冲流动儿童同伴关系不良对孤独感的影响,进而提升其心理健康水平(王婷,李庆功,何佳萍,2012)。因此,积极的情绪调节策略可能在流动儿童应对不良环境条件时起到缓冲的作用,也证明了环境因素与情绪调节共同对流动儿童的心理健康产生影响。

情绪调节是流动儿童抵御不良环境影响的积极心理力量,但是情绪调节的作用是有限的,当个体面临多重风险时,仅靠情绪调节难以充分抵抗其对心理健康的不利影响。自我损耗理论认为，个体的心理资源是有限的，当流动儿童长期面临环境风险时，情绪调节发挥的作用会随着风险的增加而逐渐减弱。因此，在促进流动儿童的心理健康发展时，一方面要引导流动儿童使用积极的情绪调节策略，另一方面要改善流动儿童的生活环境，减少不利环境因素造成的危害。总之，环境因素和情绪调节都不是单独发挥作用的，而是共同对流动儿童的心理健康产生影响。

5.3.4 启示和建议

本节从自尊、心理弹性和情绪调节三种重要的个体因素出发，分别论述了环境因素与它们的交互作用对流动儿童心理健康的影响，发现自尊、心理弹性和情绪调节都是个体心理健康重要的保护因子，能够缓冲负性环境的不利影响。在进一步揭示个体保护因子与环境风险之间的动态对抗过程中，研究发现多个个体保护因子的保护效果要好于单一因素的保护效果，但个体保护因子数与跨领域风险数呈"此消彼长"的关系，个体面临的风险越多，相应具备的保护因子越少，心理健康问题就越多。特定的保护因子确实能减小产生心理健康问题的可能性，但当外界环境过于糟糕时，个体保护因素的作用十分有限。对流动儿童而言，当其受到多种情境风险的共同影响时，难以发展出良好的保护特质来应对不利的社会处境。这提示我们，对累积风险较多的流动儿童而言，不可夸大其自身保护因子的积极作用，而应从改善外界环境入手，从源头上帮助他们减少各种环境风险。因此，需要在充分发挥流动儿童心理健康的个体保护因素的基础上，改善其不良的生存环境，既重视个体因素又注重环境因素对流动儿童心理健康的影响。

政府政策可以做出相应的改革与调整，出台一些针对流动儿童的专项帮扶措施或者机制，如健全户籍管理制度、出台法律政策、财政专项拨款、政策执行监控等，从根本上解决流动儿童难以融入城市社会而造成的心理问题。民间组织和社会团体可以通过建立一些基金会和专用资金，对流动儿童和流动家庭提供物质帮助和精神上的鼓励与支持。学校也应加强电子学籍系统管理，方便流动儿童转学时办理各种手续。对于学习困难的流动儿童，教师应主动关切，耐心指导，积极鼓励。此外，还要积极引导城市儿童与流动儿童和谐相处，通过主题班会或其他交流活动，帮助他们建立和谐的同伴关系。父母应采取积极包容的、鼓励式的家庭教养方式，避免消极冷漠式的教育方式，应身体力行，以自身良好的道德品质影响流动儿童。

本章小结

1. 流动儿童心理健康的影响因素主要包括环境因素（家庭因素、学校因素和社会因素）和个体因素（人口统计学变量和个体特征因素）。

2. 环境因素和个体因素会产生交互作用，共同影响流动儿童的心理健康。

3. 从家庭因素、学校因素和社会因素来论述影响流动儿童心理健康的环境因素，其中家庭因素主要包括父母职业及家庭经济状况、家庭关系和生活场所的变动；学校因素主要包括学校办学条件及教育教学水平、学校和班级氛围与学校人际关系；社会因素主要包括社会支持。

4. 从人口统计学变量和个体特征因素来论述影响流动儿童心理健康的个体因素。其中人口统计学变量主要包括性别和年龄，个体特征因素主要有认同整合、人格特征、应对方式、团体归属感和相对剥夺感。

5. 从自尊、心理弹性和情绪调节等个体保护因素出发，分别探讨环境因素与其的交互作用对流动儿童心理健康的影响。

6

流动儿童心理健康的
整合性教育干预实践

"六年级的时候我来到北京,能够和爸爸妈妈生活在一起挺好,他们也觉得把我一个人放在老家不好。但是来了北京之后,我的学习成绩就一直下降,没有在老家时学得那么好了。刚来的时候,本来我的英语挺好的,但这里用的教材和我们那里用的都不一样,我觉得很不适应,也觉得有些难,之后就越来越差了。

在北京可以和爸爸妈妈生活在一起,老和爷爷奶奶住,爸爸妈妈也不放心。但我还是比较喜欢老家,希望能够回去读书,我以前在老家学习比较好,老师都很喜欢我,我那时还想着读重点高中,之后读大学。现在学得不好了,也没戏了,就打算读技校了。(说到关于升学的问题时莎莎的眼睛红了)……上高中和大学都没有希望了。我原来在老家是很自信的,现在有点自卑,因为学习不好。"

上述是某打工子弟学校一名流动儿童的访谈记录(申继亮,刘霞,2015),描述了流动儿童居无定所,处于很难适应城市又不能回到家乡的两难境地。大多数流动儿童家境贫困,物质生活得不到保障;学习条件艰苦,在教学质量相对较差的打工子弟学校上学,常常面临着辍学的风险;在生活中,也多是跟同在打工子弟学校的同学交流,无法融入本地儿童的世界;他们的生理的需要、安全的需要、归属与爱的需要都无法得到满足,在这样的情境下,缺乏安全感、缺乏自信、学习成绩下降等问题不利于流动儿童的心理健康。面对这样严峻的社会现实,研究者应以解决流动儿童的心理健康问题并提高其心理健康水平为目的,而解决流动儿童心理健康问题的关键是开展实际的干预研究,进而探索可行且有效的干预模式。研究表明,整合性教育干预模式对解决流动儿童的心理健康问题是可行且有效的(熊猛,叶一舵,曾鑫,2016)。

6.1 流动儿童的教育干预及整合性教育干预模式

以往大量研究表明,心理干预对青少年心理问题的缓解和心理健康水平的提高是可行且有效的(Araya et al., 2011; Sawyer, Borojevic, & Lynch, 2011; Hatton, 2002),心理干预已成为治疗青少年抑郁的第一选择(NICE, 2005)。因此,有必要加大对流动儿童心理健康的干预力度,干预的整合性也有待加强(熊猛,叶一舵,2011)。

6.1.1 流动儿童的教育干预

关于流动儿童的教育干预,西方既有国家层面的宏观教育干预项目,也有学者进行的微观干预实验研究。

国家层面的宏观教育干预项目有代表性的有美国针对流动儿童教育干预的项目:流动教育项目。它是国会修订的《初中等教育法》明确规定的,指由联邦提供财政资助,州负责实施,针对流动儿童实施的正规学校教育以外的补充教育。流动教育项目主要包含以下方案。

①与教育相关的方案,即能够直接帮助流动儿童取得学业成功的方案。这类方案在资金分配上享有优先性。在广大农民工在城市中的正当社会权益普遍缺位的背景下,流动儿童在受教育过程中也

经常面临着较差的就读环境及某些城市人群的不友好对待。对流动儿童的歧视集中表现在义务教育的过程中，流动儿童可能会遭遇到一系列制度性、结构性歧视（李荔，2005）。任云霞（2006）指出，大多流动儿童面临着消费排斥、社会关系排斥、文化排斥及福利制度的排斥，并指出社会排斥是一个动态过程。张秋凌等人（2003）的访谈发现，流动儿童在城市中因为户籍制度的限制和流动性大而导致入学难的问题普遍存在。这都需要国家出台一些有针对性的方案。

②其他方案，即与教育无直接关系的必要方案，如与识别和确认流动儿童并登记注册相关的方案（Branz-Spall & Wright, 2004）。对流动儿童进行规范化识别，有助于了解他们的现状及所遇到的一些问题。

西方学者进行的微观干预实验研究，包括通过自然实验对移民及其子女的心理健康、吸烟和酒精滥用行为进行的标准化教育干预研究（Elder et al., 2002; Stillman et al., 2009）。

相对于西方国家对流动儿童的教育干预既有国家层面的项目支持，也有民间的自发研究，我国关于流动儿童的教育干预还没有形成法规文件，主要是一些心理学、教育学和社会学工作者在进行相关的调研工作和呼吁。国内已有一批研究者针对流动儿童的心理健康进行了大量的实证研究和理论探讨（蔺秀云等，2009；熊猛，叶一舵，2011）。学者针对遇到的具体问题进行了部分探索性的教育干预研究。例如，北京教育科学研究院基础教育研究所的研究团队（2002）针对流动儿童的心理健康、价值观、学习、生活技能和家庭教育存在的问题进行了一系列的教育干预研究，也取得了一定的效果。

6.1.2 整合性教育干预模式

关于流动儿童的教育干预，国外的研究相对成熟，其中一部分具有整合取向，值得我们学习与借鉴。有研究者（Gordon，1999）分析了对那些经历了灾难性事件的儿童的心理干预：一方面提出相关的干预措施，强化经历的焦虑与恐惧的合理性；另一方面鼓励他们表达恐惧性情感，其中可以通过能引起他们兴趣的绘画和游戏来使年幼的儿童表达，以此增强个人与家庭的应变能力，减轻应激反应。有研究者（2002）讨论了建立家庭援助中心提供非指导性和非结构化的情感支持。还有学者分析了美国的公共心理健康反应联合体。这些干预策略主要是整合不同重叠机构的服务资源，即整合性模式的典型运用。

在国内，随着心理健康教育研究的深入，研究者对中小学心理健康教育提出了多种实施模式。张履祥和李学红（2000）提出了完善认知结构、强化智能训练与加强人格品质培养相结合的学习心理教育模式。张喆（2001）主张中小学心理健康教育应构建一个开放的教育模式，包括注重感知的直观教育模式、激发学生积极参与的活动教育模式、充分发挥学生主体作用的问题解决模式及综合学校和社区教育资源的群体教育模式。郭斯萍和陈培玲（2001）提出，我国心理健康教育应坚持以教育模式为主、医学模式为辅的服务原则，坚持以素质模式为主、专业模式为辅的培训原则，坚持以文本模式为主、教学模式为辅的教学原则。

国内外采用的心理健康教育模式大致可以分为四类：①以消除心理疾患为目标，采用心理治疗方法的医学模式；②以改善心理障碍和行为障碍患者的社会适应性为目标，采用活动法或脱敏法等行为矫正技术的社会学模式；③以学生的自我发展为目标，采用心理辅导法的教育学模式；④以解决或消除某一方面、某个层面的心理问题为目标，采用专门的心理咨询或辅导的心理学模式，心理学模式又分为行为模式、认知模式和人本模式。

在以往心理健康教育模式的基础上，很多学者提出了更加有效的整合性教育干预模式。

陈旭和张大均(2002)提出并实施了生理—心理—社会—教育协调作用的整合性模式，即以促进学生积极适应和主动发展为基本目标，以指导学生学会学习、学会生活、学会交往、学会做人，促进智能、个性、社会性和创造性发展为基本教育内容，运用专题训练、学科渗透、咨询辅导等基本方式，在自我认识—动情晓理—策略导行—反思内化—形成品质等主体心理素质形成过程的五个基本环节中，创设适宜的教育干预情境，设计有效的教育策略，最终达到培养健全的心理素质和促进心理健康发展的根本目的。从心理健康教育目标的整合、心理健康教育内容的整合、心理健康教育过程的整合、心理健康教育策略的整合四个方面提出了整合性教育干预模式。

田澜(2004)在研究小学生适应性问题中提出了整合性教育干预模式，即教育干预以提高学生的学习适应性和学习成绩为目标，通过专题辅导、个别咨询辅导和家庭辅导的方式，精选科学高效的教育干预策略，围绕学习态度、学习方法、学习环境和身心健康等方面的内容，为学生提供全面、系统而有效的学习适应性辅导。整合性教育干预除了强调发挥各种方式的独特功能外，更注重它们之间的协同和配合。通过这三种辅导方式之间的密切配合，教育干预措施可以覆盖学生在校和在家学习的两大主导空间，形成团体化与个别化、直接性与间接性相结合的整合性辅导网络。

为突出教育干预的系统性、针对性和实效性，一方面从《中小学生心理素质训练》(小学版)中抽选适宜的课题，组编学习适应性专题辅导实验教材，包含19个训练主题，按计划分散进行专题训练；另一方面围绕家庭学习环境、子女学习态度、学习习惯与方法及亲子沟通等方面的内容编写家长读物，定期发放给家长，指导他们按要求开展家庭辅导。这样整合性教育干预就实现了从学校专题训练到家庭辅导的目标和内容的整合。

首先,学习适应性专题辅导的教学原则和策略遵循"目标设计综合化、内容设计生活化、方法设计多样化、评价设计全面化和环境设计互动化"的"五化"辅导设计原则,实施"提高兴趣—提高参与—加深体验"的"两高一深"辅导策略。其次,从规模上看,开设学习适应性专题辅导课是一种团体性的直接辅导,它关注辅导对象的一般性问题,具有经济性的显著优点,但容易忽视个别性问题。因而,在开展团体辅导的同时很有必要配合开展个别咨询辅导。最后,针对学习适应问题的家庭辅导属于个别化的间接辅导。它是指受过训练的专业辅导人员针对学生存在的学习适应问题与学生家长共同商讨和探究,通过双方共同参与和合作来解决问题的心理辅导模式。从历史上看,直接辅导是在临床心理学中孕育和发展起来的,具有强烈的医学治疗的特点;而间接辅导则是对这一模式的超越,更注重学生与环境的生态学关系,力图从改变这一关系的角度解决学生的问题。开展家庭辅导,就是要使家长在接受辅导的过程中,不断调整认识、感悟科学的养育方式和方法,学会与子女进行合理沟通的技能技巧。实施家庭辅导可以采用多种方式:其一,发放家长读物,可侧重从家庭环境、学习态度、学习习惯与方法和亲子沟通等方面介绍家庭辅导的观念和技术;其二,举办家庭教育讲座,介绍小学生的学习心理特点和科学的家庭教育理念;其三,通过电话、书信和面谈等沟通渠道为家长提供家教咨询。

熊猛和叶一舵(2011)认为,以往的干预研究都还只是一些质性研究,从干预方案的制定、干预过程的实施到干预效果的评估都缺乏系统的量化指标和标准化的操作程序,同时干预的整合性也有待加强。整合性教育干预模式主张,通过专题辅导、个别咨询辅导和家庭间接辅导等途径,精选科学高效的教育干预策略,为流动儿童提供有关认识自我、学习方法、生活技巧、人际关系和身心健康等方面的辅导和帮助。

那么如何提高干预的整合性呢？熊猛、叶一舵和曾鑫（2016）认为应该将干预方式和内容有机结合。首先是干预方式的整合，将心理健康专题活动课、个别咨询辅导、家庭间接辅导与教师专门辅导相结合。心理健康专题活动课即根据制定的辅导设计原则和辅导策略给学生上一系列的辅导课程，实施起来较为简单，能够较大程度节省人力、物力，在短时间内对学生进行教育干预。个别咨询辅导渗透在实验者与学生的日常交谈和交往之中，贯穿在日记查阅和专题辅导课作业批改之中。家庭间接辅导通过对学生家长提供如何开展家庭教育辅导的指导，实现对学生的间接干预。其操作方式主要有三：其一，定期向学生家长发放研究者专门制定的教育干预小册子，安排案例评析、名言警句、调查报告、活动设计和问题思考等小栏目，家长须按要求完成谈、说、演、写的活动任务，定期交由实验教师检查、批阅和评价；其二，举办家庭教育讲座；其三，通过电话、书信和面谈等方式为家长提供家教咨询。其次是干预内容的整合，将消极心理症状的缓解与积极心理品质的培养相结合。最后是效果评估的整合，将消极心理症状的评估与积极心理品质的评估相结合。

整合性教育干预以开设心理健康专题活动课为主，辅以个别咨询辅导、家庭间接辅导和教师专门辅导，具体来说包括以下几种干预方式和内容的有机整合。①对流动儿童的干预。采取将团体辅导与个别辅导相结合的方式及贯彻"全体全面"与"重点关注"相结合的原则，具体包括心理健康专题活动课、团体心理辅导、个别咨询辅导和建立心理档案。②对流动儿童家长的干预。通过开展亲子活动、建立家长学校和发放家教通信等途径对流动儿童家长进行干预，从而实现对流动儿童的间接干预。③对相关学科教师的干预。对实验班相关学科教师的干预，采取将学科渗透专题讲座与经验交流会相结合的方式进行。研究者不仅注重实验班流动儿童消极心理症状的有效缓解(如自卑、社交焦虑、孤独等),还注重其积极心理品质和心理体验的培养与塑造(如主观幸福感、生活满意度、自信、自尊等),从而使其达到一种完全的心理健康状态。此外,为了使整合性教育干预的效果评估更加科学、全面,研究采用王极盛等人(1997)编制的中学生心理健康量表考察流动儿童消极心理症状的变化,以主观幸福感为积极心理体验的评估指标考察其积极心理体验的变化。

心海拾贝

流动儿童在受教育过程中可能会面临较差的就读环境及某些城市人群的不友好对待,加上令人担忧的生存状况,极易出现一些心理健康问题。国内外学者始终保持着对他们的关心,在一系列的教育干预模式下,流动儿童的身心发展得到了改善……

6.2 流动儿童心理健康的整合性教育干预实验

前面讨论了教育干预及整合性教育干预模式,下面主要探讨国内针对流动儿童心理健康问题开展的探索性和整合性教育干预实验及其干预效果。

6.2.1 流动儿童探索性教育干预研究

第一,关于心理健康的教育干预。

在胡进(2002)针对流动儿童心理健康的教育干预研究中,个体干预让流动儿童把周记作为倾吐心里话的秘密阵地,及时宣泄自己的喜、怒、哀、惧。这种作用就类似于心理宣泄室的效果,在心理宣泄室里可以用拳击手套击打沙袋,也可以用充气棒"猛揍"橡皮人,还可以随意摔打里面的小布偶,达到宣泄负面情绪的目的。有调查发现,在心理咨询机构中,心理宣泄室的利用率是最高的。这说明了及时宣泄情绪是非常有必要的,但发泄不是目的,主要是为了帮助流动儿童达到心理的相对平衡，从而有助于将消极能量转化为积极能量。同时教师也在周记中通过与流动儿童的书面交流了解流动儿童的心理动态，并针对流动儿童出现的各类问题提出解决对策或建议，达到一种师生之间的积极互动。结果发现，流动儿童接受并喜欢这样的心理干预形式，且从心理干预活动课所设计的讨论和作业中获得了启发。

张琦和盖萍(2012)的教育干预研究发现，实施干预措施后，流动儿童的自信心增强，在不同环境中的大多数指标都表现为向积极的方向转变，吸烟、饮酒的行为较干预前有了明显改善。该研究认为，试点学校今后的干预活动要加强三个方面的工作：一是与社区协作，不断改善流动儿童的生活、学习环境，给予充分的社会支持，保证良好的外部环境；二是学校和家庭要互相沟通与协作，努力培养流动儿童乐观、积极的性格，教会他们控制和调节不良情绪的科学方法；三是校方要重视家长和教师对流动儿童的影响，在对流动儿童进行心理健康教育的同时，应邀请教师和家长共同参与、共同教育，让教师和家长起到以身作则的作用。

第二，关于价值观的教育干预。

杜文平(2002)针对流动儿童价值观的教育干预研究结果发现，经过一段时间的教育干预，流动儿童在思想认识方面发生了不小的变化：他们不再感觉到自己生活在一个孤立的小岛上；看到了美好的未来，增强了自信心，更加渴望学习，渴望求知；师生情感融洽了，流动儿童的自卑感消除了，他们变得乐观、热情、积极向上。奥苏贝尔根据主体所得经验的来源将学习分为接受学习和发现学习，并且提出了学习的有意义接受说。杜文平的教育干预研究发现，可以通过课堂教育干预活动来引导流动儿童的生活态度走向积极正面。有时候流动儿童需要更多的关心和照顾，包括学习、生活和心理，他们每个人都不是孤军奋战，他们身后有家长、同学、教师、社会乃至国家。我们要带着他们开阔视野，不能让他们将自己封闭在自己制造的狭隘的黑暗空间里。

第三，关于学习的教育干预。

何光峰(2002)针对流动儿童学习的教育干预研究发现，一年后流动儿童的精神面貌发生了很大变化，学习适应性也有了一定的改善。通过教师的引导和培养，流动儿童掌握了正确的学习方法，这同样说明了接受学习的重要性。人类经过几千年的探索所积累下来的学习经验是极其宝贵的精神财富。教师在经过自身的探索后确定哪些学习方法最适合流动儿童，因此将这些经验用来教育和培养流动儿童，让他们在成长过程中少一些迷茫和无助。

第四，关于生活技能的教育干预。

马莉(2002)针对流动儿童生活技能的教育干预研究发现，通过各个专题的学习，流动儿童在掌握安全知识和规则、培养安全自护能力的基础上，逐步形成了良好的安全意识和安全习惯，明白了"安全第一"的道理。这样，他们在今后的生活中就会远离危险，当面临危险时能够自动停止危险的行动或者想办法摆脱危险，进行自我保护，进而向家长宣传"安全第一"的理念，从而带动流动人口及其子女整体素质的提高。

第五，对家庭的教育干预。

周芳(2002)针对流动儿童家庭的教育干预研究发现，《家长报》可影响家长的教育方式，提高家庭教育的质量。由于《家长报》的办报宗旨就是贴近流动人口家庭、父母、子女的现实生活，尽可能地从他们的需要出发，以他们能理解的方式和语言来讲述基本的教育知识和方法，因而家长在接到第一份报纸时就给予了很好的反馈，很感谢能得到帮助并且也意识到了自己平时在孩子教育上的不足。对流动人口家庭进行一年的教育干预，取得了一定成效，家长作为教育者的意识逐渐增强，与学校教育的配合也越来越多。

布朗芬布伦纳提出了生态系统理论，认为真实自然的环境是影响儿童青少年发展的主要源泉，个体是受其周围环境多种水平影响的复杂关系系统。环境是从内向外的一层包一层的互相关联的结构系统，每层环境与人的关系都是双向的、交互作用的。生态系统理论把环境分为四个层次，最内层是微观系统，是个体直接接触的环境及与环境相互作用的模式。家庭属于微观系统，是每个人从小接触最多的环境，对孩子产生的影响是无可替代的。父母的榜样作用会对流动儿童产生潜移默化的影响。他们看到了什么，就会潜移默化成一种思维方式或行为模式。想让他们成为什么样的人，就自己先做什么样的人。父母的榜样作用往往比经济基础的好坏对孩子的影响更大。

6.2.2　流动儿童心理健康的整合性教育干预

国内外对流动儿童的教育干预及对整合性教育干预模式的研究很多，也取得了很多有益的成果，但也发现对流动儿童心理健康的教育干预存在诸多不足，比如只是从某一方面入手去提高流动儿童的心理健康水平，并且研究过程也缺乏量化的实验论证。因此，熊猛、叶一舵和曾鑫(2016)将整合性教育干预模式应用于流动儿童的心理健康教育干预，基于教育干预的整合取向和心理健康双因素模型，采用实验组、对照组前后测的等组实验设计，对流动儿童的心理健康问题进行为期半年的整合性教育干预实验，结果发现：①经过整合性教育干预训练，实验组流动儿童心理健康的总体水平显著提高；②整合性教育干预对心理问题较为严重的流动儿童(心理疾患组)的干预效果更为明显；③整合性教育干预对流动儿童主观幸福感的促进作用不明显。总体来看，对流动儿童的心理健康问题进行整合性教育干预是可行且有效的。

该实验之所以能够产生较为有效的干预效果，主要原因有三个。第一，采用整合性教育干预方案。以开设心理健康专题活动课为主，辅以个别咨询辅导、家庭间接辅导和教师专门辅导，干预措施覆盖了流动儿童在校和在家活动的两大主导空间，形成了团体化与个别化、直接性与间接性相结合的整合性辅导网络，调动了流动儿童自身、家长和教师三个方面的教育力量，起到了多方面的协同作用(田澜等，2004；熊猛等，2016)。第二，干预措施具有很强的针对性。整个干预方案是在前期调研、访谈及借鉴国内外关于问题行为、学习适应性的教育干预模式的基础上，针对流动儿童心理健康问题的特点和现状提出的，最终的干预方案是在咨询相关心理健康教育专家和一线心理教师的基础上反复推敲和预演形成的，具有较强的针对性和可行性。第三，整个研究过程监控严密、研究团队认真负责。在实验过程中，研究者一方面尽力控制影响实验效果的无关变量，严格按照实验方案进行并尽力做到标准化；另一方面积极与实验组学生、家长、班主任和任课教师交流，及时发现问题并根据反馈意见对干预方案进行改进和完善，以保证干预效果的有效性。

心海拾贝

整合性教育干预模式为提高流动儿童的心理健康水平提供了行之有效的方法。家长、教师对流动儿童的影响非常大，需要共同肩负起帮助流动儿童健康成长的责任。流动儿童不是一个孤立的个体，他们时刻在与周围环境产生联结，我们需要做的就是引导他们产生良性联结。

6.3 整合性教育干预对提升流动儿童心理健康水平的启示

整合性教育干预模式的成功，说明要从多维度来思考如何提高流动儿童的心理健康水平，不能拘泥于单一形式。随着时代的变迁，整合性教育干预模式在未来也需要根据社会环境的变化做出调整和改进。

6.3.1 整合性教育干预的重要性

整合性教育干预使教育干预方式从一元化走向多元化。专题辅导属于直接的团体性学校辅导，个别咨询属于直接的个别化学校辅导，家庭辅导属于间接的个别化家庭辅导。除了强调发挥各种方式的独特功用外，也应注重它们之间的协同和配合。

个体因素、环境因素及两者之间的交互作用都会影响流动儿童的心理健康，因此需要从多方面入手来提升流动儿童的心理健康水平，这样才能取得显著的、长久有效的干预效果。

整合性教育干预内容从消极心理症状的缓解转向将消极心理症状的缓解与积极心理品质的培养相结合，这体现了一种新的心理健康理论模型。近年来，世界各国对心理健康的关注和投入不断增加，但并没有真正减少人们的心理疾病。相反，全世界的心理健康问题呈增多态势。这正说明了传统心理健康模型的不足。

传统心理健康模型主要采用消极的精神病理学指标，也被称作精神病理学模型，主要涉及内化心理障碍（如抑郁、焦虑）和外化心理障碍（如行为障碍）两个方面，其治疗目标是减少或消除心理疾病。这种以精神病理学为核心的传统心理健康模型虽然为维护人类的心理健康作出了重要贡献，但也存在以下三个方面的不足。其一，对精神病理学单维负性诊断指标过度依赖，导致心理健康的研究被限制在精神病理学的视角内，从而过于关注心理障碍，忽视了患者的自我恢复和自我更新能力。其二，对个体心理健康水平的诊断存在高估或低估的风险。精神病理学将心理健康简单定义为障碍的有或无，与负性的结果相关联。如果障碍没有达到一定的标准，个体就会被归为亚临床个体，这种亚临床个体的心理健康水平在很大程度上可能被高估，他们在未来发展上也可能会陷入危机；同时，被诊断出心理疾病的个体，其心理健康水平也存在被低估的情况，他们可能会在没有干预的情况下逐步恢复其心理健康。其三，在干预效果上存在部分有效、无效和复发的问题。

随着积极心理学运动的兴起，人们进一步对以病态心理为主要内容的研究范式进行矫正，认为即使个体的心理疾病得到了治愈也不足以确保或维护其心理健康，主观幸福感等积极指标有必要被补充到心理健康的测评系统，鉴定心理健康高危或心理疾病再度恶化的个体或人群。因此，他们认为若主观幸福感的积极指标和精神病理学的消极指标能在心理健康评估中加以融合，将会产生对心理健康更加全面综合的认识。心理健康双因素模型就是在这种背景下提出的。

6.3.2 整合性教育干预的未来展望

流动儿童作为我国城市社会中一个特殊的群体越来越受到社会各界的关注和重视，如何保障流动儿童的心理健康发展已成为多学科研究者共同关注的重要课题。从刚开始的探索性教育干预，到目前将整合性教育干预模式应用到提升流动儿童心理健康水平的实践中，对流动儿童心理健康的教育干预已经不断趋于完善。整合性教育干预模式的出现让学界认识到提升流动儿童心理健康水平是可行且有效的，我们应不断去研究并探索更好的教育干预模式。

整合性教育干预模式可以概括为：根据人存在的整合性与流动儿童的个人潜能、教育干预的整合性而采取"扬长"原则，通过系统化评估和连贯而综合的教育活动，最终促进其功能发展并更好地融入社会。具体而言，每名流动儿童都在身心发展和生态空间上呈现动态性、连贯性和系统性的特点。因此，整合性教育干预模式希望通过对流动儿童及外周环境支持的动态性评估，找到流动儿童的潜能和兴趣所在，并以此打造生活化的综合性课程，通过以点带线、以线带面的形式帮助流动儿童提高心理健康水平，更好地融入社会。

理解流动儿童的身心整合性，可以更好地面对每名流动儿童的真实心理生活。将教育训练与心理干预有机结合，能促进流动儿童身心健康发展。在研究流动儿童的心理发展问题时，不能用简单的线性因果关系的解释方式，而要采用多元的、循序渐进的、互为因果的解释方式；还要注意区分不同的结构层次和功能特征，从微观系统（如家庭），到中观系统（如学校、社区），到外观系统（如国家、社会），再到宏观系统（如国家政策、意识形态），分析各个系统层层递进、相互关联的影响，把握整体的规律；还要考虑对环境状况和要求做出适当调节和变动，以便其能够做出自动调节，避免他们因为失败和挫折陷入停滞和倒退，产生更多的心理问题。因此，用多层、多元、多视角的系统方法来思考问题，是流动儿童心理健康研究者需要具备的素养之一。

现有的关于整合性教育干预对提高流动儿童心理健康水平的研究，仍然存在较多不足。例如，在干预内容的整合上，以主观幸福感为积极心理体验的评估指标，结果发现，干预措施对流动儿童主观幸福感的促进作用不明显，说明主观幸福感可能不是一个有效干预的指标（王鑫强，张大均，2011）。那么是否存在其他有效干预和衡量的指标，这是后续研究需进一步探索的问题。

2019年2月，我国首部心理健康蓝皮书发布，从情绪、行为、思想认知和社会功能四个方面指明如何判断是否产生了心理问题。①在情绪方面，看情绪是否处于正常状态，是否有过于严重及持续时间过长的负性情绪，如恐惧、担心等。②在行为方面，看行为是否正常，睡眠、饮食、工作、娱乐等方面是否出现问题。③在思想认知方面，看是否反复出现负面想法，或者脑力迟钝，无法有效思考，记忆力下降等。④在社会功能方面，看是否像正常人一样生活、工作、学习、娱乐。或许在干预内容上，可以不去考察积极或消极心理体验的指标，但可以从情绪、行为、思想认知、社会功能四个维度去评判干预效果。

流动儿童是一个不断变化的群体，不同的时代会造就拥有不同特点、不同家庭环境、不同学校环境的流动儿童。因此，整合性教育干预除了要自身不断完善之外，还需要根据不同的时代更新干预理念、内容、方法，这样才能更好地提高流动儿童的心理健康水平，促进流动儿童融入城市与社会和谐稳定。

本章小结

1. 流动儿童心理健康的整合性教育干预以开设心理健康专题活动课为主，辅以个别咨询辅导、家庭间接辅导和教师专门辅导，包括干预方式和内容的有机整合。

2. 对流动儿童的心理健康问题进行为期半年的整合性教育干预实验，结果发现：①经过整合性教育干预训练，实验组流动儿童心理健康的总体水平显著提高；②整合性教育干预对心理问题较为严重的流动儿童（心理疾患组）的干预效果更为明显；③整合性教育干预对流动儿童主观幸福感的促进作用不明显。总体来看，对流动儿童的心理健康问题进行整合性教育干预是可行且有效的。

3. 尽管整合性教育干预模式及其干预效果表明提高流动儿童的心理健康水平是可行且有效的，但我们应不断去研究、去探索更好的教育干预模式。

7
流动儿童心理健康教育的协同模式

案例一

小李，女，10岁，她的家就在离学校不远的一个菜市场旁边，租住在两间简易房里。屋里有一张床，中间是一张饭桌，靠墙放着厨具，除了日常生活用品之外，几乎找不到一点"奢侈品"。她每天就在这样的环境里生活和学习，更多的时间她是趴在父母做生意的农用三轮车上完成作业的。

案例二

小杨，男，8岁，父亲在外打工挣钱，母亲带着他们姐弟三个租房生活。他是最小的孩子，又是唯一的男孩，因而父母对孩子的溺爱多于管教，导致他身上有不少的毛病，如贪吃、撒谎、随便拿别人的东西、脱同学的裤子、说话粗俗。

案例三

小娟，女，15岁，仅仅因学习任务没好好完成，老师就批评了她，她就和老师对着干；父母批评她，她便与父母发生冲突，又哭又闹，不上课，甚至扬言要自杀，一度引起老师的紧张和家长的恐慌。

以上流动儿童案例表明，流动儿童心理健康面临着多方面的挑战，包括家庭、学校、自身等，他们如果没有有效的方法应对这些压力，很容易形成严重的心理问题。根据《第七次全国人口普查公报》和《2019年全国教育事业发展统计公报》，2020年中国流动人口规模已经接近3.76亿，流动人口子女规模为1.3亿～1.5亿，其中义务教育阶段流动儿童的人数高达1426.96万人。这些数据表明，流动儿童的群体渐趋庞大，其面临的心理健康问题也日益严峻。流动儿童是处于成长关键期的未成年人，其心理健康问题不仅关系到个人的健康成长，还会对家庭的和谐有序、对国家未来的人口素养及整个社会的可持续发展产生重要影响。在知网、万方、维普等各大数据库进行检索，输入关键词"流动儿童"，可以发现与之相关的主题包括社会支持、身份认同、家庭环境、歧视知觉、学校归属感、社会适应、心理弹性、心理干预、生活事件等。梳理这些文献发现，流动儿童的心理健康状况不容乐观，且心理健康问题主要集中在品行障碍、情绪情感、问题行为和社会适应四个方面，因此如何保障流动儿童心理的健康发展已成为多学科研究者共同关注的重要课题（刘霞，赵景欣，申继亮，2013）。针对流动儿童面临的问题，我们从个人、家庭、学校、社会四个层面提出促进流动儿童心理健康发展的建议，并据此提出构建个人、家庭、学校、社会"四位一体"的协同模式，以维护流动儿童的心理健康，促进其健康成长。

7.1 流动儿童心理健康教育——个人的适应

个体—环境交互作用理论认为，个体发展是个体与社会环境共同作用的结果。虽然在相同的环境下成长，但是个体具备的特质不同，其适应结果也不同（Lerner et al., 2006）。流入城市之后，流动儿童需要一个心理过渡与适应阶段。当流动儿童遇到生活事件时，除了及时得到父母或他人的关爱、指导和帮助，更需要发挥其自身心理系统中的积极心理品质和力量，如心理韧性、自我效能感等，这比依靠解决心理问题和消除外部环境不利影响的做法更加有意义，效果更加持久。因此，在面对学校、家庭、社会等各方面提供的资源时，流动儿童自身也应采取相应措施，使这些支持效用最大化，更好地促进自身心理健康发展。具体来说，流动儿童自身的个体特征因素除了前面提到的认同整合、应对方式等，还有心理韧性、公正世界信念、情绪调节策略等。

7.1.1 心理韧性

心理韧性是指个体虽然处于压力和逆境中，但仍然能促进其适应良好的积极因素(Borman & Overman, 2004)。一直以来，流动儿童这一群体给予外界的印象较为弱势，且在心理韧性这一特质上整体弱于其他儿童。研究表明，流动儿童的心理韧性正向预测其文化适应，即流动儿童的心理韧性越强，其文化适应能力越好(王中会，蔺秀云，黎燕斌，2016)；流动儿童的心理韧性显著正向预测其学校适应(王景芝，陈段段，陈嘉妮，2019)，显著负向预测其孤独感，即流动儿童的心理韧性在流动过程中是一个保护因素。因此，流动儿童自身要努力提高自己应对挫折和适应环境的能力，正确看待挫折的教育价值，把挫折看成磨炼意志、提高适应力和竞争力的有力武器，要积极参加各种活动，如竞选班委为同学服务，参加各种比赛等。研究表明，阅读干预能有效促进流动儿童的心理弹性，即阅读能帮助流动儿童掌握问题解决策略和方法，且抗挫折的能力是和知识、经验的增加及各种能力的提高成正比的，因此流动儿童应有意识地拓展此类知识，如逆境中成长的事例和经验，从书本中学习如何应对挫折，汲取养分(张莉等，2019)，从而提高自理能力、交往能力、学习能力和应变能力等，最终学会如何面对现实和困难，提高心理弹性，促进心理健康。

7.1.2 公正世界信念

公正世界信念是指人们对所生活的世界是否公正的认知倾向。它为个体提供了安全感和可控感，使其以一种有意义的方式理解和解释生活事件(Dalbert，2001)。研究表明，流动儿童的公正世界信念在歧视知觉和生活满意度之间起中介作用，即流动儿童的公正世界信念能促进其心理健康发展(贾绪计等，2020)。然而，由于流动过程中面对的不公平待遇，流动儿童的公正世界信念相对较低，这是客观现实造成的。目前，政府和社会等已经采取相关措施来实现公平公正，比如逐步取消户口制度的限制，流动儿童可以和城市儿童一起入学，享受同样的教育、医疗等。客观的公平环境已经大大改善，但以往的处境不利导致的不公平信念已经根深蒂固，流动儿童不能合理地和城市儿童进行比较，仍然认为自己很难享受到公平的成果。流动儿童在世界逐渐公正的客观事实下，也要逐渐转变自己的认知，切身感受到世界从不公正到公正的改变，与城市儿童进行合理的社会比较，相信自己能最大限度地享受公平的成果，在公平的客观环境和主观认知中健康成长。

7.1.3 情绪调节策略

情绪调节策略是个体用来改变或控制与情绪相关的反应的行为或认知，认知重评与表达抑制是最常用的、最有价值的两种情绪调节策略(Richards & Gross，2000)。情绪调节能力在儿童幸福感和心理健康发展中发挥着基础作用，有效的情绪调节策略也是缓和流动儿童受不良环境影响的一种弹性力量(Deng，2009)。以往研究表明，情绪调节策略中的认知重评显著正向预测流动儿童的主观幸福感；而表达抑制通过负向预测心理弹性的序列中介作用间接预测流动儿童的主观幸福感。也就是说，认知重评能够促进儿童心理健康，而表达抑制不利于儿童心理健康(柴晓运等，2018)。此外，情绪调节策略能调节流动儿童的消极学业情绪对学习自我效能感的影响(王道阳，陆祥，殷欣，2017)。流动儿童跟随父母由农村进入陌生的城市，虽然家庭内部人员结构并未改变，但是家庭外部环境发生了巨大变化，并由此导致某些方面权益的丧失，他们需要对外部环境进行重新适应。在适应的过程中，由于城乡文化背景、生活方式、价值观念的巨大变化及户籍制度的限制，流动儿童与城市儿童相比在家庭环境、人际网络、教育发展等资源方面处于相对不利地位，因此需要采取合适的情绪调节策略加以应对。认知重评这一情绪策略能促进流动儿童的心理健康发展。流动儿童在面对流动带来的不安、悲伤等情绪时，可以有意识地使用积极的情绪调节策略，如认知重评，以调节自己的消极情绪，促进心理健康。

综上，流动儿童的城市适应是一个不断发展的过程。研究显示，在城市的时间越长，流动儿童的城市适应状况越好。因此，流动儿童要积极认识时间适应周期，对城市生活适应持乐观态度，通过城市生活经验的不断积累，提高城市社会的自我认同感，在生活实践中主动实现社会化和再社会化(张敏，韩楠楠，2018)，努力实现对城市的认同整合，提高心理韧性和公正世界信念水平，形成积极的情绪调节策略和应对方式，进而促进流动儿童的心理健康发展。

延伸阅读

在流动过程中，孩子可能会面临各种压力，如带着乡音的普通话、简陋的穿着、廉价的学习物品、较低的学业成绩等。这些可能会危害他们的心理健康，但并非每名流动儿童都会受这些因素的影响。因此，流动儿童需要尽可能提高自己的心理韧性，用积极的心态去面对流动的威胁，减少流动的消极后果，做环境的主人，促进心理健康发展。

7.2　流动儿童心理健康教育——家庭的责任

　　家庭环境是儿童生活的首要环境，父母作为重要他人，对儿童心理健康的发展具有重要影响。流动儿童跟随父母来到城市，在陌生的环境下，家庭成为他们适应城市的初始环境，父母是他们唯一的依靠。但是由于流动人口的特殊性，流动儿童的父母在城市生活十分不易，往往为了生存奔波劳苦而容易忽视对子女的教育与关注。因此，父母应努力提升自身的综合素质，为流动儿童做好榜样，同时增强支持和陪伴，采用积极的家庭教养方式，培养良好的亲子关系和家庭关系，为流动儿童提供更多的家庭资本，为其心理健康发展提供良好的家庭环境。

7.2.1　父母素质

　　流动儿童来到城市，接受了城市的许多新事物、新观念，知识面和眼界不断开拓和丰富。其父母受教育程度相对较低，无法满足孩子在学习和精神上的需求，父母权威逐渐削弱，亲子之间的沟通障碍及代际差异日益突出，父母迫于经济压力没有时间也不懂得在思想上进行"充电"，从而使得家庭教育"潜移默化、言传身教"的积极作用大打折扣，不可避免地在家庭教育观念和方式上产生偏颇，成为孩子心理健康发展的一大障碍。卢永彪等人（2021）的研究发现，父母的情绪智力能够显著正向预测流动儿童的心理韧性。如果父母的情绪智力较低，他们面对压力时就可能表现出更多的消极情绪。这不仅会强化儿童的消极情绪，还会形成消极、紧张的家庭氛围，导致儿童的家庭关爱和支持缺乏，难以使儿童形成较强的心理韧性，进而影响儿童的心理健康。父母应通过学习不断提升自己，言传身教，促进流动儿童的心理健康。父母可以利用业余时间看书、学习，用自己的行为方式为孩子树立榜样。此外，在提高自身能力的同时，加强与孩子的沟通，正确解决孩子遇到的问题，满足孩子在学习和精神上的需求，引导孩子形成正确的世界观、人生观和价值观，促进流动儿童的身心健康发展。

7.2.2 父母支持和陪伴

以往研究表明，父母陪伴能正向预测流动儿童的自我价值感，父母的陪伴水平越高，儿童的自我价值感发展得越好，且相比于父亲的陪伴，母亲的陪伴对儿童自我价值感的预测作用更显著(邓林园等，2017)。因此，父母应多陪伴孩子，在孩子需要时给予建设性的支持与帮助，尤其是提高作为主要抚养者的母亲的陪伴质量。同时，因为父亲一般是家庭的主要经济支撑，可能没有时间陪伴孩子，所以重视并提高父亲的陪伴水平也很重要。此外，研究还发现流动儿童的父母支持对其社会文化适应有一定的影响，流动儿童感知到的父母支持越多，其社会文化适应水平越高；流动儿童感知到的父母支持越强，其积极心理品质发展越好(谭千保，龚琳涵，2017)。对于流动儿童来说，父母是他们在这个城市最依赖、信任的人，他们渴望得到父母的理解与支持，这种需求得到满足之后，就能使其内心产生积极体验，以积极的态度面对学习与生活。因此，流动儿童从熟悉的农村来到陌生的城市，父母应多给予他们一些关心和呵护，多花时间陪伴他们，进行亲子互动，让他们感受父母对自己的爱与支持，使他们有勇气与城市儿童和成人交往，进而加速他们的社会文化适应，促进其心理健康发展。

7.2.3 家庭教养方式

家庭教养方式是指在日常生活中父母对子女的教养态度、教养方法、教养行为及由父母的行为反应所传递出的情感表现的综合体，具有跨情境的稳定性(Darling & Steinberg, 2003)。不同的父母在教育抚养子女时所采用的教养方式是不相同的。巴雷特等人(Barrett & Holmes, 2001)指出，如果父母是过分控制的、独裁的，在感情上是疏远的，那么子女就很难认同家庭并获得归属感。靳小怡等人(2015)开展的关于家庭教养方式对农村流动儿童生活满意度影响的研究表明，父母"温暖理解"的教养方式对流动儿童的生活满意度有显著的正向影响，而父母"拒绝否认"的教养方式能降低流动儿童的生活满意度，进而产生一些心理健康问题。李洁等人(2021)的研究也表明流动儿童父母心理控制正向预测其社交焦虑。父母积极的教养方式有助于减少流动儿童的问题行为(白春玉，张迪，汤华，2014)。因此，流动儿童的父母在教养子女的过程中应当降低其心理控制水平，减少对孩子的惩罚、否认、过度干涉与保护，减少强制性的教养方式，给予子女关爱与呵护，采用正性的教养方式，如温暖理解、接受、支持、认可和指导，加强对孩子自主性的支持，关注孩子的情感需求，从而减少焦虑等问题的发生。

7.2.4 亲子关系

与城市儿童相比，和父母沟通感到有困难的流动儿童比例较高，且沟通的质量较低，沟通的频率较少、时间较短，是大部分流动儿童普遍存在的现象。亲子关系的冲突和混乱及家庭关系的崩溃不仅可能导致家庭丧失凝聚力，也可能使青少年的学业成绩下降等(汪传艳，储祖旺，2019)。家庭成员关系不和，尤其是亲子关系不和是影响流动儿童心理融入的重要因素，家庭缺乏融洽的人际关系会降低家庭凝聚力，让流动儿童缺少安全感和依恋感，体验到更多的孤独感(汪传艳，2021)。研究也表明流动儿童亲子依恋正向预测其社会适应水平，即亲子依恋越积极、稳定，流动儿童的心理健康状态越好(曾天德等，2020)。父母应当增强沟通意识，掌握沟通技巧，彼此关照情感上的需求，建立和维护温暖、亲密、稳定的依恋关系，形成良好的亲子关系，这不仅能使流动儿童获得足够的安全感和信任感，减少人际焦虑，还可以使流动儿童在与父母的良好互动中发展积极的社会情感和亲社会行为。此外，流动儿童的家长还应摒弃一些低级娱乐活动（如打麻将或者赌博），增添一些积极的文化娱乐方式，尝试在家中开展富有趣味性的亲子游戏（如飞行棋或者体感游戏），使流动儿童在积极健康的家庭精神环境中增进亲子关系，获得幸福感和安全感，形成良好的个性，塑造坚忍的意志，促进其心理健康发展。

7.2.5 父母关系

父母关系好意味着家庭氛围好，流动儿童可以获得更多的家庭温暖和情感支持（杨芷英，郭鹏举，2017）。父母公开争吵或伴随身体暴力的争吵，会导致子女与父母疏离（Gardner，2002）。长期处在一种双亲关系不平衡的家庭环境中，儿童敌意、偏执及焦虑的水平升高，人际安全感水平较低，更易形成负性的人际关系模式，且子女感知到父母之间的冲突频率和强度越高，则越易出现攻击性行为（缪绿青等，2021）。因此，流动儿童的父母要正视夫妻关系。首先应珍惜家庭，相互尊重，相互接纳，同心协力；其次应关注情感交流，尽量使用平和的语言与流动儿童沟通交流。将处理夫妻关系作为自己生活一部分的同时，还要关注夫妻关系对流动儿童成长的影响，特别是对其心理健康的影响。良好的家庭生活氛围（如夫妻恩爱、相敬如宾）会让流动儿童有更多的安全感和归属感，进而促进其心理健康发展。

7.2.6 家庭资本

家庭资本指家庭为儿童学习与发展提供的资源和条件。其中，家庭经济资本是基础。研究表明，流动儿童的家庭经济地位显著正向预测其学业成绩(莫文静等，2018)。因此，家庭应努力提高其经济资本。流动儿童的家长可通过参加社会或周边社区组织的继续教育培训或职业培训，提高文化程度，提升专业素质，不仅有利于增大就业概率，转变工作类型，还有利于获得较为丰厚的经济回报，进而改善家庭生活条件和质量，逐步提升流动家庭的经济地位。此外，家庭精神环境的创设是开展良好家庭教育的先决条件，在有一定的经济基础后，学习场所过于简陋或缺少专门学习空间的家庭可通过为流动儿童开辟、改善或更换学习场所，增加物质支持，营造独立的学习环境和成长空间。实证研究表明，家庭资本对处境不利儿童的学习品质有重要影响(余璐，罗世兰，2020)。因此，家长要增加家庭资本投入，多参与亲子游戏、阅读、运动等活动，培养流动儿童内发的学习动机、坚持完成任务的专注力与规则意识，支持他们遇到困难时独立、灵活地解决问题。同时，家长应采用民主、正向的教养方式，对流动儿童持有合理的教育期望，鼓励他们热爱学习，培养其独立精神，促进他们学习品质的发展，进而促进其心理健康发展。

7.3 流动儿童心理健康教育——学校的义务

学校是儿童开始社会化的重要场所，在文化知识的学习和集体生活的参与过程中，儿童得到了全面发展。与此同时，儿童也可能产生一些不适和障碍，如果不能得到及时疏导，就有可能产生心理健康问题。流动儿童跟随父母来到城市定居，努力融入城市学校，由于户籍等各方面的限制，他们可能面临较多问题，如入学难、师生关系和同伴关系难以处理等。因此，学校应努力提高自身办学条件和硬件设施水平，严格遵守相关办学制度，提升教师的教育教学水平，营造良好的学校氛围，配备专业心理教师，提供专业心理咨询服务等，以维护和促进流动儿童的心理健康发展。

7.3.1 办学条件

城市公办学校虽然软硬件条件优越，但由于教育资源的供不应求，流动儿童进入公办学校就读仍存在一定困难。因此，公办学校要扩大办学规模，提高接收流动儿童的能力，同时做到不区别对待流动儿童，关注流动儿童的全面发展。民办学校作为流动儿童城市教育的主要载体之一，硬件设施相对落后，师资力量相对薄弱，因而教育教学质量相比于公办学校偏低，加之本身存在较多的日常管理等问题，流动儿童很难享受到与城市儿童相同的教育资源和待遇。因此，民办学校应走"国有民办"的办学模式，构建"政府引领、学校自主"的管理模式，多方面筹集资金，共同努力改善办学条件，提高教育教学质量和水平。不管是民办还是公办学校，都要规范学籍管理，制定合理的入学标准，尽量简化入学手续；加强心理辅导，建立流动儿童的心理健康档案，开设心理健康教育课程和讲座，将流动儿童的心理健康问题纳入学校教育教学质量评估的重要考察范围。学校要建设积极和谐的校园文化，设立多种多样的社团组织，开展健康有益的文体活动，加强师生、生生之间的团结友爱，为流动儿童的健康成长保驾护航（宋广文，骆风，2014）。

7.3.2 入学制度

目前有关流动儿童的入学政策，国家提倡"两为主"政策，这要求流入地政府在流动儿童的教育方面承担一定的职责。但以学籍/户籍为基础的入学原则，以及城市制定的学生入学实施细则（如必须符合"五证齐全"），对流动儿童在本地入学设置门槛，只有一部分符合这些细则要求的流动人口子女才能获得城市公立学校的入学资格。

软硬件条件较好的私立学校学费高昂，普通打工子弟学校大多存在设施简陋、师资薄弱、人员流动频繁、教学质量不尽如人意等问题，部分学校还面临合法性问题。即使有的学校获得当地教育部门许可得以保留，也仍然要面对学生的学籍问题难以解决这一硬性约束。对流动儿童而言，无法获得学籍意味着今后将面临转学、考学、升学的资格问题。即便家长使出浑身解数，解决了义务教育阶段在流入地城市正常入学的问题，各地使用教材、课程等方面的差异也会让异地接受教育的流动儿童仍然面临诸多挑战。因此，学校应降低入学门槛，打破户籍限制，尽可能接纳每名流动儿童，给流动儿童提供平等的入学机会。对于流动儿童学习基础略差的问题，可以因材施教，"一人一策"有针对性地辅导。政府可设置流动儿童专项教育经费，给予相关学校适度的补贴，让制度服务于学生，让流动儿童感受到学校的关怀。

7.3.3 学校教师

1. 师生关系

流动儿童在校期间主要在班级中学习和生活，班级是流动儿童的"第二个家"，班级中的师生关系和同学关系对学生的发展有重要影响。纵向研究发现，学年初的师生关系和同学关系负向预测学年末流动儿童的外化问题行为，即积极的师生关系和同学关系有利于减少流动儿童的外化问题行为(谢其利，张鸿翼，2021)。研究还表明，教师关怀能显著正向预测流动儿童的学校适应，即教师关怀能给他们营造温暖、包容的学校氛围，成为流动儿童有力的外部支持力量，促进流动儿童的心理健康(童星，缪建东，2020)。因此，教师要遵守职业道德，关怀每一位学生，不仅关注流动儿童的学业成绩，更应关怀他们的心理、人际和行为问题，营造良好的师生关系，多方面帮助流动儿童更快更好地适应学校生活，促进其心理健康发展。

2. 教师支持

蒙台梭利说："教师不仅是一个教师，还是一个心理学家，因为他要指导儿童的生活和心灵。"学校是心理健康教育的主体，教师是精神环境的核心因素。大量研究表明，教师支持有助于流动儿童的身心健康发展，如教师支持可以提高流动儿童的生活满意度（滕秀芹，刘桂荣，宋广文，2017）、自尊水平（杨奎臣，贾爱宾，郭西，2020），促进流动儿童的学校适应等。同时，教师支持可以增强流动儿童班级内部的凝聚力，增强流动儿童对自己所在学校和班级的归属感，而流动儿童的学校归属感会降低其产生攻击性行为的风险（张樱樱等，2021）。教师支持不仅可以促进流动儿童的心理健康，而且有助于减少其问题行为的发生。因此，教师要尽最大可能给予流动儿童支持和关怀，平时要多注意观察，及时了解流动儿童的心理状况，特别是针对一些刚刚转入新班级、还没有适应新环境的流动儿童，更要多加留心和关注，给予他们足够的教师支持，增强他们的学校和班级归属感。

3. 心理健康课程

很多流动儿童学校没有专门的心理教师，学校课程设置中没有专门的心理健康教育课程，导致流动儿童对心理健康问题知之甚少，即使出现心理问题也无法及时求助，不知道如何应对。因此，学校应加强心理教师培训力度，每个学校至少配备1名专职心理教师，按学生比例或学校规模设定专职心理教师岗位数。心理教师必须具有专业性，必须由具备心理学专业背景的教师来从事这项工作。把心理教师的配备情况纳入学校的综合考核中，把心理教师的绩效考核与其他任课教师同等对待，发挥心理健康课程的育人作用。

4. 心理咨询与辅导

流动儿童心理健康的干预实践表明，团体心理辅导能够显著改善流动儿童的心理健康状况,提高流动儿童适应社会的能力和整体的心理健康水平(赵青霞等,2016)。因此,有必要配备专业的心理咨询师进行心理辅导。针对流动儿童的心理发展特点及常见的心理与行为问题开展的个别心理辅导主要涉及流动儿童的学习心理辅导、人际关系辅导、社会适应辅导等内容。同时要注意以下几点。首先,要鼓励他们多求助。由于流动儿童比其他儿童更容易出现心理问题,因此要积极鼓励他们在遇到问题的时候多寻求帮助,通过个别辅导等方式解决自己的特殊问题,促进流动儿童更好地健康成长。其次,要用平等和尊重的态度对待前来求助的流动儿童。在开展个别心理辅导过程中,心理教师应注意自己的言行,不要给流动儿童造成不必要的师源性伤害,而是要充分体现无差别对待的心灵关爱与帮助,只有这样才能走进流动儿童的内心世界,开展有效的心理辅导与干预。定期与流动儿童沟通交流,为他们提供学习、人际关系、自我成长等方面的辅导,帮助流动儿童拥有积极阳光的心态,增强自尊心和自信心,提高适应能力和抗挫折能力。

7.3.4 同伴关系

研究证实,友谊质量对于处境不利的儿童有着特别重要的保护作用,友谊质量越高,流动儿童的幸福感水平越高(张春妹,张璐,2021)。研究表明,朋友支持显著预测流动儿童的情绪适应和亲社会行为,朋友支持水平越高,流动儿童的情绪适应越好(王晖,熊昱可,刘霞,2018)。朋友支持能有效缓解压力事件对情绪问题的不良影响,表现出保护效应的稳定性模式。因此,学校应开展丰富多彩的活动,向流动儿童传授人际沟通的技巧,帮助流动儿童建立高质量的友谊,获得更多的同伴认同和支持,进而提升其幸福感和心理健康水平。

7.3.5 学校氛围

学校是学习和生活的重要场域，而学校氛围是一个学校的独特属性，是学校成员共同感受的学校心理社会氛围（刘在花，2017）。研究表明，流动儿童的学校氛围知觉与亲社会行为显著正相关，与学业困难显著负相关（徐生梅等，2021）。良好的学校氛围知觉能促进流动儿童体谅、帮助、合作、分享等积极的情绪和行为的出现；而当流动儿童感知到不良的学校氛围时，可能会导致情绪、品行、同伴交往等一系列问题的产生。这说明良好的学校氛围对流动儿童的心理发展具有保护作用。因此，学校应尽可能给流动儿童营造一种良好的学校氛围，大力提倡合作、互助、友好等积极风尚，促进流动儿童的心理健康发展。

7.3.6 硬件设施

首先是学校教学设施。研究者探讨基于学校教学设施的课外体育活动对流动儿童社会融合的影响，结果发现课外体育活动能够显著提升流动儿童与城市儿童的社会交往，减轻城市儿童对流动儿童的社会歧视；能增强流动儿童的体育参与度，打破义务教育中学生在学校间的户籍分割，扩大群体交往的空间；是促进流动儿童融入城市的有效途径（吴炜，2017）。因此，学校除了改善相应的教学设施之外，也要重视流动儿童课外活动的开展，购买相应的体育器材，建设相关体育场地，让学生在课外活动中促进社会融入，进而提升其心理健康水平。

其次是学校心理咨询室。很多打工子弟学校没有单独的心理咨询室，导致流动儿童无法寻求咨询和帮助。学校应设立心理健康教育专项经费，纳入年度经费预算，为每个学校配备专门的心理咨询室。建设专业的心理咨询室，要有配套的心理咨询设施，如必要的仪器、测试室、发泄室、治疗室等。心理咨询室应设在校园内远离教学区和办公区的地方，尽量多分设几个区域，包含"个体咨询区""心理档案室""学生等候区""测试及休闲区"等，营造一种安全、温馨的咨询氛围。学校应充分发挥心理咨询室的作用，最大限度地利用心理咨询室开展心理健康教育工作，使学校成为流动儿童心理健康教育的主阵地，促进流动儿童心理健康水平的整体提升。

延伸阅读

学校是除家庭外孩子接触时间最长的环境，流动儿童教育能否成功很大程度上取决于学校教育。流动儿童渴望在学校中能得到老师的支持和理解，能拥有好的同伴关系，能学习到新知识，能拥有美好的校园生活。因此，学校应配备高素质的专业教师，提供好的教学设备，营造良好的校园氛围，让流动儿童在快乐的校园环境中健康成长。

7.4　流动儿童心理健康教育——社会的担当

社会是流动儿童成长的外系统，对流动儿童的身心健康成长至关重要。但是，目前城市社会存在对流动儿童的刻板印象和社会排斥等现象，给流动儿童的身心发展带来了巨大压力。因此，城市社会要改变对流动儿童的刻板印象，以公正平等的心态看待流动儿童，关注他们身上积极的一面，努力挖掘他们身上蕴含的积极品质，帮助他们消解文化适应中的困惑和障碍，更好地适应城市生活。此外，需要在制度和观念上消除城乡二元结构，减少社会排斥，贯彻"双减"政策，出台相应政策，使流动儿童能够获得与城市儿童同等的身份和教育机会，促进其城市适应，进而在社会的关爱中健康成长。

7.4.1　社会排斥

由于受到我国城乡二元化社会结构的影响，流动儿童进入城市之后，往往会面临着来自社会关系、文化、福利制度等各个层面的排斥。社会中的部分人把流动儿童错误地界定为"二等公民"，对于流动人口、流动儿童普遍存在一种抵触或抗拒的态度。如果城乡分类意识强烈，就会提高个体的拒绝敏感性，导致流动儿童常常感受到他人的拒绝、不被接纳，进而引发消极情绪与行为。研究表明，社会排斥对流动儿童的学校适应具有负向预测作用，使流动儿童产生无助感或丧失感，进而导致其学校适应水平降低（雷婷婷等，2019）。学校适应不仅是流动儿童城市适应的主要内容，也是衡量流动儿童心理健康的重要指标。此外，研究表明，社会支持负向预测流动儿童的社会退缩行为，正向预测其心理弹性，即社会支持水平越高，其心理健康水平越高（李洁等，2018）。因此，面对社会排斥带来的系列心理问题，政府需对广大民众进行观念引导，还原流动儿童的真实生活状态，宣传流动人口自强不息的真实案例及其对城市建设的巨大贡献，提升流动人口的社会地位，使得社会民众了解流动儿童、理解流动儿童，并帮助流动儿童减少社会排斥。城市社会要接纳流动儿童，城市民众需提高对外来流动人口及其子女的包容度，为流动儿童融入城市生活和健康发展提供和谐的环境。

7.4.2 "双减"促进教育公平

在教育领域实施"双减"政策以前，社会上存在形形色色的影子教育。影子教育属于市场化的、私人产品性质的教育服务，指发生在学校正规教育之外，针对学校教学科目并收取费用的辅导，其形式包括一对一的家教服务和课外补习班等，主要作用是补充、辅助主流教育（王晓磊，张强，2018）。影子教育虽然一定程度上会提升流动儿童的学业质量，但是由于家庭经济资本匮乏，使得流动儿童的影子教育参与率显著低于城市儿童（周春芳，苏群，2018）。城市儿童较高的家庭经济资本能够负担影子教育的高额费用，但从长远来看，可能会进一步加剧流动儿童与城市儿童的差距。因此国家出台"双减"政策：一方面是为儿童减负；另一方面是保证流动儿童和城市儿童享受相同的教育资源，促进教育公平。"双减"政策的实施需要社会各界共同努力，严厉打击不良的影子教育，促进教育公平。

7.4.3　社区工作

流动儿童除在学校和家庭生活外，接触最多的就是家庭所在社区。然而在社区生活中，很多城市儿童不愿意和流动儿童接触交流，究其原因，主要是社会教育的缺失使得社会大众缺乏对流动儿童的正确认识，使得他们被贴上了一些负性标签，造成部分民众对他们的偏见。因此，发挥社区的作用，落实社会教育，是消除大众对流动儿童的偏见、提升流动儿童心理健康水平的有力保障。要加强社区的宣传工作，社区可以通过板报、走访、手册等形式积极宣传流动儿童及其家庭，消除社区民众对流动儿童的偏见和歧视，提高社区民众对流动儿童的关心及理解程度。可在社区建立信息综合平台，重视对流动人口家庭的服务，定期到流动家庭进行走访、慰问，使流动儿童感受到社区的温暖，促进流动儿童融入社区，增强社区归属感和认同感。同时，社区工作人员还可以开展系列活动，鼓励流动儿童增强挑战生活困难的勇气，提升自信心，感受社区温暖，从而促进流动儿童的心理健康。

7.4.4　国家政策

1998年，国家颁布了《流动儿童少年就学暂行办法》以解决流动儿童上学难等问题；2003年发布的《关于进一步做好进城务工就业农民子女义务教育工作的意见》更是明确指出，以流入城市政府为主、以全日制公立学校为主的基本原则，依次解决流动儿童的义务教育问题；2014年颁发的《国家新型城镇化规划（2014—2020年）》进一步指出：将农民工随迁子女义务教育纳入各级政府教育发展规划和财政保障范畴，合理规划学校布局，科学核定教师编制，足额拨付教育经费，保障农民工随迁子女以公办学校为主接受义务教育。国家应在制度层面逐渐改进和完善流动儿童的教育环境，打破原有的"户籍捆绑式"，确立"学籍地升学"的原则，并通过立法给予保障。各级政府应该在贯彻中央政策的前提下，细化主体责任，促进公平补偿。流出地政府要做好当地儿童流出与回流的人数统计，流入地政府要对流动儿童流动趋势做出准确预测，并在此基础上制订合理的招生计划。另外，中央应设立流动儿童专项基金，履行国家责任。通过中央财政拨一点、流出地政府出一点、流入地政府补一点的"三位一体"模式设立"教育券"制度，保障流动儿童的教育经费实现"钱随人走"。

国家应构建良好的福利分配制度。通过政策倾斜，努力改善外来务工人员的工作条件和福利境遇，从而优化随迁家庭的经济基础，弥补其家庭教育资源的缺陷。

教育行政部门应从切实推进义务教育优质均衡的角度，进一步改善打工子弟学校的办学条件，尤其加大对城市薄弱学校的资源投入和配置，缩小校际差异。同时应加强对民办学校的管理，加强监督，对不达标的民办学校予以处罚，勒令其限期整改，仍不达标者取缔其办学资格。各级教育部门需共同努力，为流动儿童的健康成长提供良好的政策保障。

延伸阅读

社会是每名流动儿童生存的大环境，他们的一举一动都会受到社会的影响。流动儿童往往会被贴上一些标签，如成绩差、爱闹事、不爱干净，受到社会的排斥和歧视，严重影响其心理健康。因此，社会应转变对流动儿童的认知，还原流动儿童的真实生活状态，宣传流动人口对城市建设的巨大贡献，提升流动人口的社会地位，减少社会对流动儿童的歧视，营造平等友爱的社会环境。

7.5 构建个人、家庭、学校、社会"四位一体"的协同模式

生态系统理论指出，系统与个体相互作用并影响着个体的发展，影响儿童心理发展的环境因素主要有微观系统、中观系统、外观系统、宏观系统。由于流动儿童受到多个系统的影响，因此我们在对流动儿童的教育中，要充分发挥个人、家庭、学校、社会的协同力量，促进流动儿童的心理健康(Bronfenbrenner，1994)。

事物的发展由内因和外因共同决定，内因是个体自身因素，而外因是家庭、学校和社会等外界环境。因此，在流动儿童教育中，个人教育、家庭教育、学校教育和社会教育是整个教育工程的重要组成部分，四种教育力量相互促进、相互影响，偏废其中任何一种教育都不能有效解决流动儿童的心理健康问题，需将这四种教育力量有机结合起来，相互协调，有效沟通，发挥各自的教育优势，形成牢固的教育整体合力，只有这样才能真正、彻底地解决流动儿童的心理健康问题。

在流动儿童心理发展过程中，个人、家庭、学校、社会都应有相应的应对措施。具体来说，个人需要努力提高认同整合、心理韧性和公正世界信念水平，并且发展积极的情绪调节策略和应对方式；学校应从入学资格、学校制度、教师配备、同伴关系、学校氛围、教学设施等方面着手为其提供良好的发展环境；家庭需要从教养方式、亲子关系、父母支持、父母关系、家庭资本等方面营造良好的家庭氛围；社会需要减少对流动儿童的社会排斥，贯彻"双减"政策，促进教育公平，为流动儿童营造积极和谐的发展环境。然而，这些措施不是孤立的，而是有联系的、不可分割的。

教育学家认为，教育的效果取决于学校和家庭的一致性，即家校合作。流动儿童的家校合作是指学校、班主任、任课教师与流动

儿童家长本着相同的目标，携手共进，相互合作，一起承担流动儿童成长过程中的教育责任。良好的家庭环境建立在现代家庭教育观念上，然而绝大部分流动儿童的家长不重视家庭教育，认为把孩子交给教师就万事大吉。他们的教育方式通常是简单粗暴的惩罚，没有考虑到尊重孩子的人格，也没有平等地和孩子交流。孩子在遭受挫折后，得不到情感上的抚慰，甚至会受到更深的伤害。因此，有必要开展家庭教育指导。在学校的组织下，教师可以发挥专业优势，帮助流动儿童的家长纠正不科学的教育方式，掌握科学的教育理念，认识到家庭教育的重要性，形成现代家庭教育观念。学校可以开设家长课堂，请相关的专家、教授、有经验的班主任对家长进行培训，对家长进行理论和方法的指导；举办家长沙龙，为家长提供互相交流、互相学习的平台；开展亲子活动，加强亲子沟通，促进亲子关系和谐发展等。

学校可以与社会合作，寻求社会力量的支持，充分利用社会资源，紧紧依靠专业机构（当地大学的心理学院、医院的心理门诊、其他心理咨询机构）、专业人士，为流动儿童心理健康的可持续发展构建有力的支撑体系。借助高校心理专家和研究生的力量，为流动儿童开展团体辅导或素质拓展活动，对特殊学生进行个别访谈、个别辅导等。同时协助指导学校心理咨询室的工作，给流动儿童提供安全可信、温馨可亲的辅导场所，提高心理辅导的实效性。

流动儿童的教育融入以学校为主、社区为辅。流动儿童的家长接送及辅导流动儿童学习的时间难以保障，根据这一实际困难，社区为流动儿童提供课后短期照看和课业辅导服务或者素质拓展服务。同时可以给予困境家庭经济和医疗援助，组织家长开展安全教育、亲职教育等活动，促进家庭教育水平不断提升。同时可以在社区开展相关活动，宣传关于流动儿童的正确认识，改变群众对他们的偏见，减少社会排斥，给他们提供和谐友爱的居住环境及学习环境。

在此基础上，通过社区活动、学校活动，在教师的引导下加强城市儿童和流动儿童的交流，提高流动儿童的社会融入度及他们彼此接纳的程度。

根据心理弹性理论，经历过严重压力或逆境的人也可能拥有积极的心态和积极的心理品质，从而发展得更加完好。流动儿童尽管面临着流动所带来的教育、医疗等方面的不平等，但只要发挥主观能动性，也能拥有良好的心理健康水平（赵淑娟，郑秀娟，刘嘉邦，2019）。流动儿童要积极走出去，多参加学校、社区活动，积极与老师、父母、同学沟通交流，学会寻求帮助，努力提升自己，缩小与城市儿童的差距，积极融入城市环境，促进心理健康发展。

总之，在面对流动儿童复杂的心理问题时，我们要发挥社会的力量，宣传关于流动儿童的正确认识，改变群众对他们的偏见。教师应注意重视儿童的心理问题，对已发现的心理问题及时采取干预措施。除此之外，教师还应与家长沟通儿童的情况，争取家庭的支持与配合，使干预效果更加显著。个人也应在社会各界的支持下转变观念，提升城市归属感，加强自主学习能力的培养，形成积极的情绪调节策略和应对方式以应对流动的威胁。将个人、家庭、学校、社会的资源进行充分的联系整合，将心理健康教育渗透到流动儿童教育的各方面、全过程，形成"四位一体"的协同模式，力求真正解决流动儿童的心理问题，提高其心理健康水平。

延伸阅读

流动给流动儿童带来的问题，不是仅仅靠个人、家庭、学校、社会中的一方就能解决的，即使学校工作做得相当到位，如果家长不配合，那么也不会有好的效果，反而适得其反。因此，需要各方协同合作，共同努力，形成"四位一体"的协同模式，为流动儿童心理健康发展保驾护航！

本章小结

  1. 流动儿童心理健康教育的角色主体包括个人的适应、家庭的责任、学校的义务和社会的担当。

  2. 家庭在流动儿童心理健康教育中承担重要责任，包括父母素质、父母支持和陪伴、家庭教养方式、亲子关系、父母关系、家庭资本等。

  3. 学校在流动儿童心理健康教育中履行相关义务，包括办学条件、入学制度、学校教师、同伴关系、学校氛围和硬件设施等。

  4. 社会在流动儿童心理健康教育中应有担当精神，通过国家"双减"政策、社区心理服务等减少对流动儿童的社会排斥，促进教育公平。

  5. 在流动儿童教育中，个人教育、家庭教育、学校教育和社会教育是整个教育工程的重要组成部分，四种教育力量相互促进、相互影响，因此应构建个人、家庭、学校、社会"四位一体"的协同模式。

主要参考文献

白春玉,张迪,顾国家,等.(2013).流动儿童心理健康状况家庭环境影响因素分析.中国公共卫生,29(2),288-289.

白文飞,徐玲.(2009).流动儿童社会融合的身份认同问题研究——以北京市为例.中国社会科学院研究生院学报,(2),18-25.

北京市流动儿童就学及心态状况调查课题组.(2006).北京市流动儿童学校师生心态状况调查研究.新视野,(3),1-4.

边玉芳,梁丽婵.(2013).父母冲突对儿童心理健康的影响:一项两年的追踪研究.中国心理学会发展心理学分会第十二届学术研讨会.

曹霞,瞿皎姣.(2014).资源保存理论溯源、主要内容探析及启示.中国人力资源开发,(15),75-80.

曹新美,刘在花.(2018).流动儿童学校适应在学校氛围与学习投入之间的中介作用.中国特殊教育,(8),74-79.

曾守锤.(2008).流动儿童的社会适应:教育安置方式的比较及其政策含义.辽宁教育研究,(7),46-49.

曾守锤.(2010).流动儿童的社会适应状况及其风险因素的研究.心理科学,33(2),456-458.

曾守锤.(2011).流动儿童的心理弹性和积极发展:研究、干预与反思.华东师范大学学报(教育科学版),29(1),62-67.

曾守锤.(2011).流动儿童的压力和社会支持状况及社会支持保护作用的研究.心理科学,34(3),631-635.

曾昱,夏凌翔.(2013).中学生自立人格与主观幸福感的关系:

心理资本与感恩的中介效应．西南师范大学学报（自然科学版），38(12)，145-151．

陈家麟．(2002)．学校心理健康教育：原理与操作．北京：教育科学出版社．

陈利君．(2017)．流动儿童幸福感影响因素分析．湖南第一师范学院学报，17(4)，41-45．

陈美芬．(2006)．外来务工人员子女人格特征的研究．心理科学，29(1)，178-180．

陈腾．(2015)．流动儿童歧视知觉、自尊与群体偏爱的关系研究（硕士学位论文）．曲阜：曲阜师范大学．

陈旭，张大均．(2002)．心理健康教育的整合模式探析．教育研究，(1)，71-75．

陈玉娟，李立，胡艳华，等．(2016)．河北省大学生亲子沟通与网络成瘾的关系．中国学校卫生，37(2)，221-223．

程黎，高文斌，欧云，等．(2007)．流动儿童校园人际关系及相关因素的研究．中国临床心理学杂志，15(4)，389-394．

程绍珍，程麟．(2014)．家庭环境对城市流动儿童心理健康的影响．黄河科技大学学报，16(4)，86-88．

程绍珍，杨明，程麟．(2018)．班级气氛对初中流动儿童社会文化适应的影响：心理资本的中介作用．黄河科技大学学报，20(5)，85-89．

崔丽霞，雷雳．(2005)．中学生问题行为群体特征的多视角研究．心理发展与教育，(3)，112-119．

邓治文．(2009)．我们是谁：合并型组织的社会认同研究．长沙：湖南人民出版社．

丁小燕，陈洪岩．(2005)．流动儿童学习适应状况研究．第十届全国心理学学术大会论文摘要集．

董妍.(2012).流动儿童心理健康教育.北京：开明出版社.

窦晓芳.(2010).城市公立小学流动儿童适应困难的跨文化因素分析——基于北京市流动儿童个案的调查研究(硕士学位论文).北京：中央民族大学.

杜文平.(2002).流动人口子女价值观存在的问题及教育干预.教育科学研究，(1)，51-52.

段成荣.(2015).我国流动和留守儿童的几个基本问题.中国农业大学学报(社会科学版)，32(1)，46-50.

范兴华，方晓义，刘杨，等.(2012).流动儿童歧视知觉与社会文化适应：社会支持和社会认同的作用.心理学报，44(5)，647-663.

范兴华.(2012).家庭处境不利对农村留守儿童心理适应的影响.长沙：湖南师范大学出版社.

方必基.(2012).青少年学生心理资本结构、特点、相关因素及团体干预研究(博士学位论文).福州：福建师范大学.

方富熹.(1986).儿童社会认知发展研究简介.心理学动态，(1)，10-16.

方晓义，范兴华，刘杨.(2008).应对方式在流动儿童歧视知觉与孤独情绪关系上的调节作用.心理发展与教育，(4)，93-99.

冯帮，兰欣.(2017).近十年我国流动儿童城市适应问题研究的回顾与反思.教育与教学研究，31(6)，41-47.

冯帮.(2011).流动儿童的城市文化适应研究——基于社会排斥的分析视角.现代教育管理，(5)，17-21.

付允.(2011).可持续发展的公平度量：相对剥夺感理论、模型与实证研究.北京：中国发展出版社.

高峰强，杨华勇，耿靖宇，等.(2017).相对剥夺感、负性生活事件在羞怯与攻击关系中的多重中介作用.中国临床心理学杂志，

25(2), 347-350.

高广明. (2017). 进城务工随迁子女核心自我评价、心理韧性、家庭环境和心理健康的关系研究(硕士学位论文). 南宁：广西民族大学.

葛俊芳. (2012). 外来务工子女金钱态度、成就动机与主观幸福感的关系研究(硕士学位论文). 曲阜：曲阜师范大学.

龚田波. (2007). 城市边缘群体青少年自尊、应对方式对主观幸福感的影响研究(硕士学位论文). 广州：广州大学.

辜美惜, 郑雪, 邱龙虎. (2010). 我国流动儿童心理研究现状述评. 心理科学, 33(4), 910-912.

郭海英, 朱婉灵, 朱倩, 等. (2014). 亲子沟通与农村青少年幸福感的关系：基本心理需要满足的中介作用. 心理发展与教育, (2), 129-136.

郭俊东. (2009). 相对剥夺感对自评健康及负面健康行为之影响(硕士学位论文). 台北：台湾大学.

郭良春, 姚远, 杨变云. (2005). 公立学校流动儿童少年城市适应性研究——北京市 JF 中学的个案调查. 中国青年研究, (9), 50-55.

郭斯萍, 陈培玲. (2001). 学校心理健康教育模式初探. 江西教育科研, (9), 14-16.

郭星华. (2001). 城市居民相对剥夺感的实证研究. 中国人民大学学报, (3), 71-78.

郭燕梅. (2013). 相对剥夺感预测集群行为倾向：社会焦虑的调节作用(硕士学位论文). 济南：山东师范大学.

郭志巧. (2007). 社会工作反歧视视角在流动儿童心理健康中的运用. 江南大学学报(人文社会科学版), 6(1), 35-38.

韩秋念, 廖全明. (2015). 流动儿童心理韧性及其心理社会影响因素研究. 成都师范学院学报, 31(12), 73-76.

韩煊，吴汉荣.(2010).深圳市流动儿童心理健康状况分析.中国学校卫生，31(1)，64-65.

何光峰.(2002).面对学习有困难的学生.现代特殊教育，(11)，20-22.

何桂宏.(2008).流动儿童社会化过程中的自卑与超越.教育理论与实践：中小学教育教学版，(9)，5-6.

何桂宏.(2009).流动儿童社会化过程中的自卑感研究.中小学心理健康教育，(11)，4-7.

何雪松，巫俏冰，黄富强，等.(2008).学校环境、社会支持与流动儿童的精神健康.当代青年研究，(9)，1-5.

何珍，陈昱翀，黎月清.(2017).社会支持、认知情绪调节策略对初中生攻击性行为的影响.中国健康心理学杂志，25(4)，532-536.

侯娟，邹泓，李晓巍.(2009).流动儿童家庭环境的特点及其对生活满意度的影响.心理发展与教育，(2)，78-85.

侯玉波.(2002).人格、社会心理因素与健康老龄化.中国临床康复，6(17)，2523-2525.

胡春梅.(2013).农民工随迁子女师生关系、学习适应与主观幸福感的关系(硕士学位论文).大连：辽宁师范大学.

胡洁，姬天舒，冯凤莲.(2002).父母教养方式与大学生总体幸福感的相关研究.健康心理学杂志，10(1)，16-17.

胡进.(2002).流动人口子女心理健康存在的问题及教育干预.教育科学研究，(11)，52-53.

胡宁，方晓义，蔺秀云，等.(2009).北京流动儿童的流动性、社交焦虑及对孤独感的影响.应用心理学，15(2)，166-176.

胡韬，郭成.(2007).重庆市农民工子女小学生心理健康状况.中国学校卫生，28(8)，745-746.

胡韬，李建年，郭成.(2012).贵阳市流动儿童社会适应状况分析.中国学校卫生，33(9)，1140-1142.

胡韬.(2007).流动少年儿童社会适应的发展特点及影响因素研究(硕士学位论文).重庆：西南大学.

黄冬霞，吴满意.(2017).思想政治教育获得感：内涵、构成和形成机理.思想教育研究，(6)，28-32.

黄鹤，杨宁.(2019).家庭环境纷杂度对留守学前儿童社会退缩的影响：心理弹性的调节作用.中国特殊教育，(5)，65-71.

姜宁.(2016).流动儿童歧视知觉与学校适应的关系：一项追踪研究(硕士学位论文).南京：东南大学.

蒋永穆，张晓磊.(2016).共享发展与全面建成小康社会.思想理论教育导刊，(3)，74-78.

金灿灿，刘艳，陈丽.(2012).社会负性环境对流动和留守儿童问题行为的影响：亲子和同伴关系的调节作用.心理科学，35(5)，1119-1125.

金灿灿，屈智勇，王晓华.(2009).流动和留守儿童吸烟行为的特点和影响因素.中国特殊教育，(11)，70-74.

金灿灿，屈智勇，王晓华.(2010).留守与流动儿童的网络成瘾现状及其心理健康与人际关系.中国特殊教育，(7)，59-64.

柯锐.(2007).北京市流动儿童的社会适应状况及其相关影响因素(硕士学位论文).北京：北京师范大学.

雷有光.(2004).都市"小村民"眼中的大世界——城市流动人口子女社会认知的调查研究.教育科学研究，(6)，27-31.

李春，宫秀丽.(2006).自我分类理论概述.山东师范大学学报(人文社会科学版)，51(3)，157-160.

李翠英.(2011).亲子沟通对农村留守儿童安全感的影响研究.中国集体经济，(9)，234-235.

李丹.(2014).父母教育卷入与流动儿童社会适应的关系研究(硕士学位论文).重庆：西南大学.

李海宝.(2009).外来民工子女不良习惯原因分析及教育对策.教育科研论坛，(8)，73-75.

李怀玉.(2009).城市化进程中流动儿童心理健康问题探讨——来自河南省郑州市的调查与思考.中州学刊，(5)，127-130.

李嘉怡.(2018).父母教养方式对随迁儿童问题行为的影响：自尊的中介作用(硕士学位论文).上海：上海师范大学.

李洁，罗柳芬，黄仁辉，等.(2018).社会支持对流动儿童社会退缩的影响：心理弹性的中介作用.心理学探新，38(2)，159-163.

李俊.(2004).相对剥夺理论与弱势群体的心理疏导机制.社会科学，(4)，74-78.

李荔.(2004).社会歧视：农民工子女教育的无形屏障.基础教育参考，(5)，37-38.

李宁.(2008).透析农民工子女的"相对剥夺感".唐山师范学院学报，30(4)，121-124.

李强.(2004).社会学的"剥夺"理论与我国农民工问题.学术界，(4)，7-22.

李思南，袁晓娇，吴海艳，等.(2016).流动儿童社会认同与同伴关系：自尊的中介作用.中国健康心理学杂志，24(8)，1258-1261.

李文道，孙云晓，赵霞.(2009).父教缺失的研究现状及应对策略.中国特殊教育，(10)，73-77.

李晓巍，邹泓，金灿灿，等.(2008).流动儿童的问题行为与人格、家庭功能的关系.心理发展与教育，(2)，54-59.

李媛.(2012).心理健康与创新能力.北京：科学出版社.

梁拴荣.(2006).农民工子女"边际人格"形成初探.太原师范学

院学报(社会科学版)，5(1)，153-155.

林崇德，杨治良，黄希庭.(2003).心理学大辞典.上海：上海教育出版社.

林良章，陈雪英，林丽红，等.(2015).流动儿童歧视知觉对主观幸福感的影响：自我隐瞒的中介作用.沈阳工程学院学报(社会科学版)，11(1)，26-30.

林铮铮.(2014).流动儿童心理资本、社会身份认同与学校适应性的关系研究(硕士学位论文).福州：福建师范大学.

蔺秀云，方晓义，刘杨，等.(2009).流动儿童歧视知觉与心理健康水平的关系及其心理机制.心理学报，41(10)，967-979.

刘磊，符明弘，范志英.(2010).流动儿童家庭教养方式和学习适应性的相关研究.长江师范学院学报，26(5)，144-147.

刘清.(2007).城市农民工子女的心理状况调查与对策研究(硕士学位论文).南昌：南昌大学.

刘思硕.(2017).校园欺负行为影响因素分析及干预措施探究.中国德育，(12)，21-24.

刘文芳.(2011).初中生心理健康状况与社区感的相关研究(硕士学位论文).济南：山东师范大学.

刘霞，申继亮.(2009).流动儿童的歧视归因倾向及其对情感的影响.中国心理卫生杂志，23(8)，599-602.

刘霞，申继亮.(2010a).环境因素对流动儿童歧视知觉的影响及群体态度的调节作用.心理发展与教育，(4)，395-401.

刘霞，申继亮.(2010b).流动儿童的歧视知觉及与自尊的关系.心理科学，33(3)，695-697.

刘霞，张跃兵，宋爱芹，等.(2013).留守儿童心理健康状况的META分析.中国儿童保健杂志，21(1)，68-70.

刘霞，赵景欣，申继亮.(2013).歧视知觉对城市流动儿童幸福感的影响：中介机制及归属需要的调节作用．心理学报，45(5)，568-584．

刘霞．(2008)．流动儿童的歧视知觉：特点、影响因素与作用机制(博士学位论文)．北京：北京师范大学．

刘小群．(2013)．初中生欺负行为及其与抑郁、焦虑和社会支持的关系(博士学位论文)．长沙：中南大学．

刘晓瑛，宋媛，陆艳红，等．(2006)．苏州市 4～5 岁流动人口家庭儿童行为问题与家庭环境关系的研究．中国预防医学杂志，7(5)，389-392．

刘欣，师保国，肖敏敏．(2012)．流动儿童的自尊与幸福感——不同学校类型的作用．贵州师范大学学报(自然科学版)，30(4)，44-48．

刘艳丽．(2007)．关注流动儿童心理健康．中小学心理健康教育，(17)，54．

刘杨，方晓义．(2011)．流动儿童社会身份认同状况研究．国家行政学院学报，(3)，61-66．

刘玉姣．(2017)．煤矿工人心理健康及影响因素研究(博士学位论文)．阜新：辽宁工程技术大学．

刘正荣．(2006)．进城就业农民子女心理健康问题研究(硕士学位论文)．扬州：扬州大学．

卢金苗．(2017)．流动儿童自卑心理的小组工作介入研究——以南京市 N 机构为例(硕士学位论文)．咸阳：西北农林科技大学．

卢珊，郭文婷，李亚庆，等．(2018)．家庭社会经济地位对幼儿词汇理解的影响：多重中介效应分析．心理科学，41(6)，1359-1365．

路桑斯等．(2008)．心理资本：打造人的竞争优势．李超平，译．北京：中国轻工业出版社．

栾文娣．(2007)．流动儿童教育个案分析．现代教育科学，(2)，

119-120.

栾文敬，路红红，童玉林，等．(2013)．家庭关系对流动儿童心理健康的影响．学前教育研究，(2)，27-36.

罗必良，洪炜杰，耿鹏鹏，等．(2021)．赋权、强能、包容：在相对贫困治理中增进农民幸福感．管理世界，37(10)，166-182.

罗丹．(2016)．流动儿童和城市儿童主观幸福感的比较研究——以长沙市为例．通化师范学院学报(人文社会科学)，(9)，139-144.

罗桂芬．(1990)．社会改革中人们的"相对剥夺感"心理浅析．中国人民大学学报，(4)，84-89.

罗河兰．(2017)．初中流动儿童生活事件、心理弹性与孤独感的关系研究(硕士学位论文)．长沙：湖南师范大学．

吕勤，陈会昌，王莉．(2003)．儿童问题行为及其相关父母教养因素研究综述．心理科学，26(1)，130-132.

麻泽芝，丁泽芸．(1999)．相对丧失论——中国流动人口犯罪的一种可能解释．法学研究，(6)，123-134.

马皑．(2012)．相对剥夺感与社会适应方式：中介效应和调节效应．心理学报，44(3)，377-387.

马莉．(2002)．流动人口子女生活技能存在的问题及教育干预．教育科学研究，(11)，53-54.

马林夕．(2014)．流动儿童心理韧性的问卷编制和现状分析(硕士学位论文)．苏州：苏州大学．

明庆华．(2003)．论教育中弱势群体子女受歧视问题．中国教育学刊，(5)，14-18.

牟晓红，刘儒德，庄鸿娟，等．(2016)．中学生外倾性对生活满意度的影响：自尊、积极应对的链式中介作用．中国临床心理学杂志，24(2)，341-344.

倪士光，李虹．(2014)．流动儿童认同整合与歧视知觉的关系：

社会支持和应对方式的作用.心理发展与教育,(1),31-38.

庞丽娟,田瑞清.(2002).儿童社会认知发展的特点.心理科学,25(2),144-147.

彭聃龄.(2019).普通心理学(第5版).北京:北京师范大学出版社.

彭丽娟,陈旭,雷鹏,等.(2012).流动儿童的学校归属感和学校适应:集体自尊的中介作用.中国临床心理学杂志,20(2),237-239.

彭阳,王振东,申雯.(2015).流动儿童家庭关怀、正性情绪对心理韧性的影响.中国临床心理学杂志,23(4),729-732.

邱达明,曹东云,杨慧文.(2008).南昌市流动儿童心理健康状况的调查研究.中国健康教育,24(1),33-37.

邱心玫,傅少伟.(2017).促进流动儿童学习适应性的中小学校长教学领导力探微.华夏教师,(11),6-7.

屈朝霞,童玉林,路红红,等.(2012).同伴交往、学业成绩对儿童青少年攻击行为的影响——基于挫折-侵犯理论的研究.青少年犯罪问题,(4),13-21.

屈卫国,钟毅平,燕良轼,等.(2008).初中生农民工子女心理压力及应对方式研究.中国临床心理学杂志,16(6),589-590.

任云霞,张柏梅.(2006).社会排斥与流动儿童的城市适应研究.山西青年管理干部学院学报,19(2),14-16.

任云霞.(2006).社会排斥与流动儿童的城市适应的研究.陕西青年管理干部学院学报,19(1),16-17.

单成蔚.(2017).歧视知觉的社会建构(博士学位论文).长春:东北师范大学.

申继亮,胡心怡,刘霞.(2009).留守儿童歧视知觉特点及与主观幸福感的关系.河南大学学报(社会科学版),49(6),116-121.

申继亮，刘霞.（2015）.留守儿童与流动儿童心理研究.北京：北京师范大学出版社.

申继亮，等.（2009）.处境不利儿童的心理发展现状与教育对策研究.北京：经济科学出版社.

申继亮.（2009）.透视处境不利儿童的心理世界.北京：北京师范大学出版社.

石满，丁新华.（2005）.军校研究生主观幸福感和人格特征的关系研究.中国健康心理学杂志，13(3)，189-191.

石燕.（2012）.学校社会工作与学校心理健康教育之比较研究.社会工作，(4)，55-57.

石燕.（2015）.人际关系、校园环境与流动儿童身份认同——基于南京市三所小学的问卷调查.南京晓庄学院学报，(5)，29-33.

时勘，崔有波，万金，等.（2015）.分配公平对员工离职倾向的影响：相对剥夺感的中介作用.现代管理科学，(10)，7-9.

史晓浩，王毅杰.（2010）.流动儿童的孤独感及其影响因素——基于农民工子女的抽样调查.湖南农业大学学报（社会科学版），11(4)，32-37.

松田岩男.（1982）.スポーツ選手の心理的適性に関する研究－第 3 報.昭和 56 年度日本体育協会スポーツ科学研究報告，1-39.

宋潮，麻超，张怡萱.（2016）.新疆维吾尔自治区某校流动儿童应对倾向在心理韧性与社会支持关系中的中介作用.中国心理卫生杂志，30(2)，127-132.

孙翠香.（2004）.初中生主观幸福感与人格特征的关系.青少年研究，(2)，16-20.

孙灯勇，郭永玉.（2016）.相对剥夺感：想得、应得、怨愤于未得.心理科学，39(3)，714-719.

孙维平，胡韬，郭跃勤，等.（2007）.重庆市某小学进城务工农民子女心理健康状况．中国学校卫生，28(1)，68．

覃露．(2019)．随迁儿童家庭教养模式、自我概念与学校适应的关系研究(硕士学位论文)．南京：南京大学．

唐洁，孟宪璋．(2002)．大中学生主观幸福感的比较研究．中国临床心理学杂志，10(4)，316，320．

唐敏栋．(2014)．社会工作介入流动儿童抗逆力提升的研究——以无锡市Y社区为例(硕士学位论文)．南京：南京农业大学．

唐咏．(2008)．贫困大学生社会支持与心理健康关系研究．重庆科技学院学报(社会科学版)，(9)，165-166．

陶红梅，许燕，张小方，等．(2004)．北京打工子弟学校与公立学校初中生心理健康状况的比较研究．中国特殊教育，(9)，87-92．

陶惠新．(2012)．流动儿童双身份认同整合对认知偏向和心理适应的影响(硕士学位论文)．广州：广州大学．

田宏碧，陈家麟．(2003)．中国大陆心理健康标准研究十年的述评．心理科学，26(4)，704-708．

田澜，张大均，陈旭．(2004)．小学生学习适应问题的整合性教育干预实验研究．心理科学，27(6)，1389-1392．

田澜．(2004)．小学生学习适应问题的整合性教育干预模式研究．西南师范大学学报(人文社会科学版)，30(3)，40-43．

田为民．(1999)．政治稳定的社会心理条件研究．江苏社会科学，(2)，158-164．

童星，缪建东．(2020)．父母参与对流动儿童学校适应的影响——教师关怀的中介作用．教育学术月刊，(1)，12-17．

万金，时勘，崔有波，等．(2016)．组织公正、相对剥夺感与知识共享：有调节的中介模型．科技进步与对策，33(14)，129-135．

王芳，师保国．(2014)．歧视知觉、社会支持和自尊对流动儿童幸福感的动态影响．贵州师范大学学报(自然科学版)，32(1)，

14-19.

王飞.(2014).海恒社区流动儿童融入问题情况调查报告(硕士学位论文).合肥:安徽大学.

王光荣,吴婷,骆洪福.(2016).流动儿童人际关系问题研究——以甘肃省为例.中小学心理健康教育,(18),18-20.

王晖,熊昱可,刘霞.(2018).亲子关系和朋友支持对流动儿童情绪和行为适应的保护作用.心理发展与教育,34(5),614-624.

王慧娟.(2008).浅谈激发学生学习兴趣的几种方法.牡丹江师范学院学报(哲学社会科学版),(2),138-139.

王极盛,丁新华.(2003).北京市初中生主观幸福感与父母教养方式的关系研究.中国健康教育,(11),52-53.

王极盛,李焰,赫尔实.(1997).中国中学生心理健康量表的编制及其标准化.社会心理科学,(4),15-20.

王静,但菲,索长清.(2016).近十年我国流动儿童心理健康研究综述.陕西学前师范学院学报,32(1),143-147.

王静.(2016).校园欺凌治理的法治化路径.法制与社会,(11),201-203.

王梦.(2015).初就业本科生相对剥夺感与攻击性的关系(硕士学位论文).开封:河南大学.

王念.(2013).基于自我归类理论的不同群体认同水平对产品偏好的影响——社会认同威胁的调节作用(硕士学位论文).南京:南京大学.

王平,朱小蔓.(2015).建设情感文明:当代学校教育的必然担当.教育研究,(12),12-19.

王琪.(2017).流动儿童学校社区感、自尊与问题行为的关系研究(硕士学位论文).长沙:湖南师范大学.

王瑞敏,邹泓.(2008).流动儿童的人格特点对主观幸福感的影响. 心理学探新, 28(3), 82-87.

王瑞敏, 邹泓. (2010). 北京市流动儿童主观幸福感的特点. 中国心理卫生杂志, 24(2), 131-134.

王思斌. (1988)."相对剥夺"与改革环境的建造. 社会科学, (3), 32-37.

王薇, 罗静, 王毅, 等. (2010). 流动儿童家庭因素、社会支持与情绪的关系. 中华行为医学与脑科学杂志, (6), 556-557.

王晓芬, 周会. (2013). 流动儿童早期社会适应能力发展现状——基于江苏省 N 市 6 所示范园的调查. 学前教育研究, (7), 20-24.

王鑫强, 张大均. (2011). 心理健康双因素模型述评及其研究展望. 中国特殊教育, (10), 68-73.

王亚南, 王丹丹. (2015). 流动儿童主观幸福感现状研究. 南京邮电大学学报(社会科学版), 17(3), 91-98.

王远. (2014). 加拿大流动儿童城市社会融入研究(硕士学位论文). 桂林: 广西师范大学.

王争艳, 刘红云, 雷雳, 等. (2002). 家庭亲子沟通与儿童发展关系. 心理科学进展, 10(2), 192-198.

王中会, 蔺秀云, 方晓义. (2010). 公办学校和打工子弟学校中流动儿童城市适应过程对比研究. 中国特殊教育, (12), 21-26.

王中会, 蔺秀云, 黎燕斌. (2016). 流动儿童心理韧性对文化适应的影响: 社会认同的中介作用. 心理发展与教育, 32(6), 656-665.

王中会, 孙琳, 蔺秀云. (2013). 北京流动儿童区域文化适应及其对城市适应的影响. 中国特殊教育, (8), 57-62.

王中会, 徐玮沁, 蔺秀云. (2014). 流动儿童的学校适应与积极心理品质. 中国心理卫生杂志, 28(4), 267-270.

魏德样.(2012).我国中学体育教师心理资本的理论与实证研究(博士学位论文).福州：福建师范大学.

吴成龙.(2013).农村学校教学基础设施的可持续发展研究(硕士学位论文).芜湖：安徽师范大学.

吴岚.(2013).流动儿童社会融入研究——以深圳市罗湖区 H 村为例(硕士学位论文).南京：南京大学.

吴新慧,刘成斌.(2007).出路与保障——农民工子女教育的国家政策.中国青年研究,(7),19-21.

夏清华.(2014).呼市地区小学 4—6 年级外来务工子女主观幸福感的现状调查及提升策略(硕士学位论文).呼和浩特：内蒙古师范大学.

肖克,冯帮.(2008).流动儿童面临的心理健康问题.河北教育(综合版),(3),18-19.

肖敏敏.(2012).公立学校流动儿童的情绪体验与社会行为——基于社会排斥的视角(硕士学位论文).北京：首都师范大学.

肖水源.(1994).《社会支持评定量表》的理论基础与研究应用.临床精神医学杂志,4(2),98-100.

肖雪莲.(2006).运用"相对剥夺感"理论对我国转型时期弱势群体的心理进行探析与调适.吉林广播电视大学学报,(4),79-81.

谢敏芳,黄徐婧,李黎,等.(2018).流动儿童自我概念、社会支持与学校适应性的关系研究.教育生物学杂志,(3),138-143.

谢子龙,侯洋,徐展.(2009).初中流动儿童社会支持与问题行为特点及其关系分析.中国学校卫生,30(10),898-900.

邢淑芬,俞国良.(2005).社会比较研究的现状与发展趋势.心理科学进展,13(1),78-84.

熊桂琪.(2007).论农民工子女健康心理的培养(硕士学位论文).武汉：华中师范大学.

熊猛, 叶一舵, 曾鑫. (2016). 流动儿童心理健康的干预实验: 基于心理健康双因素模型和教育干预的整合取向. 心理学探新, 36(4), 378-384.

熊猛, 叶一舵. (2011). 中国城市农民工子女心理健康研究述评. 心理科学进展, 19(12), 1798-1813.

熊猛, 叶一舵. (2016). 相对剥夺感: 概念、测量、影响因素及作用. 心理科学进展, 24(3), 438-453.

熊猛. (2015). 流动儿童相对剥夺感: 特点、影响因素与作用机制(博士学位论文). 福州: 福建师范大学.

徐凤娇, 邓瑞姣. (2011). 长沙市流动儿童幸福感及其影响因素分析. 中国学校卫生, 32(5), 544-546.

徐玲, 白文飞. (2008). 流动儿童社会排斥的制度性因素分析. 当代教育科学, (1), 16-20.

许丽芬. (2009). 农民工子女心理问题及教育对策. 沈阳师范大学学报(社会科学版), (2), 121-123.

杨会芹, 刘晖, 周宁. (2016). 社会支持在城市流动儿童生活事件与心理健康关系中的调节效应. 中国临床心理学杂志, 24(6), 1120-1122.

杨建飞. (2009). 外来民工子女心理问题干预策略. 现代中小学教育, (6), 49-52.

杨静, 宋爽, 侯庆红, 等. (2015). 小学流动儿童、留守儿童的利他亲社会行为: 负性生活事件、重要人际关系的影响. 中国心理学会发展心理专业委员会第十三届学术年会.

杨明. (2018). 初中流动儿童家庭亲密度、适应性与社会文化适应的关系——积极心理资本的中介作用. 中国健康教育, 34(10), 908-911.

杨明. (2018). 流动儿童自尊、健康心理资本和社会文化适应特点及其相关性. 中国健康教育, 34(7), 636-639.

杨明. (2019). 家校环境对流动儿童积极心理资本的影响. 中国健康教育, 35(6), 517-520.

杨青, 唐璐, 张小娟. (2015). 移民城市居民生活压力与相对剥夺感的实证研究. 特区经济, (7), 80-83.

叶一舵, 罗晗颖, 沈成平. (2017). 流动儿童相对剥夺感、家庭亲密度与学校适应的关系. 集美大学学报(教育科学版), 18(5), 19-24.

叶一舵, 熊猛. (2017). 环境因素对流动儿童相对剥夺感的影响: 流动时间的调节作用. 中国特殊教育, (7), 41-46.

叶一舵, 赵巾慧, 丘文福. (2018). 流动儿童相对剥夺感对团体归属感的影响: 认同整合的中介作用. 心理技术与应用, 6(3), 143-150.

殷世东, 王守恒. (2009). 城市"流动学生"行为失范及其应对策略——基于安徽省阜阳市进城农民工子女教育问题的调查与思考. 学术交流, (12), 238-241.

于淑艳. (2009). 3~6岁流动儿童问题行为成因及解决对策的研究. 中国家庭教育, (3), 67-74.

于音, 陶婷, 王利刚, 等. (2019). 流动儿童被欺负现状及其与社会支持的关系. 中国心理卫生杂志, 33(11), 833-838.

余珊珊. (2017). 当代我国民众相对剥夺感问题研究——基于2003年和2013年CGSS数据分析(硕士学位论文). 长沙: 湖南师范大学.

禹瑛. (2005). 中美两国中小学心理健康教育比较研究(硕士学位论文). 长春: 东北师范大学.

袁立新, 张积家, 苏小兰. (2009). 公立学校与民工子弟学校流动儿童心理健康状况比较. 中国学校卫生, 30(9), 851-853.

袁晓娇，方晓义，刘杨，等.(2009).教育安置方式与流动儿童城市适应的关系.北京师范大学学报(社会科学版)，(5)，25-32.

袁晓娇，方晓义，刘杨，等.(2010).流动儿童社会认同的特点、影响因素及其作用.教育研究，(3)，37-45.

袁晓娇，方晓义，刘杨，等.(2012).流动儿童压力应对方式与抑郁感、社交焦虑的关系：一项追踪研究.心理发展与教育，(3)，283-291.

约翰·E.丘伯，泰力·M.默.(2003).政治、市场和学校.蒋衡，等译.北京：教育科学出版社.

翟蕾，黄娜.(2008).北京市海淀区流动儿童与本地儿童健康危险行为现状分析.中国学校卫生，29(7)，590-591.

张帆.(2013).三峡库区农村留守儿童心理健康与心理弹性现状及影响因素的研究(博士学位论文).重庆：重庆医科大学.

张军华，闫丽霞.(2016).流动儿童的学习适应问题与对策研究.教育教学论坛，(36)，63-65.

张丽敏，田浩.(2014).流动儿童的家庭功能与文化适应：心理韧性的中介作用.心理研究，7(2)，91-96.

张林，车文博，黎兵.(2005).大学生心理压力应对方式特点的研究.心理科学，28(1)，36-41.

张灵，郑雪，严标宾，等.(2007).大学生人际关系困扰与主观幸福感的关系研究.心理发展与教育，(2)，116-121.

张琦，盖萍.(2012).某民工子弟学校流动儿童心理健康干预效果评价.中国学校卫生，33(12)，1449-1451.

张青.(2007).美国乡村流动儿童的教育及其经验借鉴.外国教育研究，34(4)，44-47.

张秋凌，屈志勇，邹泓.(2003).流动儿童发展状况调查——对北京、深圳、绍兴、咸阳四城市的访谈报告.青年研究，(9)，

11-17.

张书维, 王二平, 周洁. (2012). 跨情境下集群行为的动因机制. 心理学报, 44(4), 524-545.

张书维, 王二平. (2011). 群体性事件集群行为的动员与组织机制. 心理科学进展, 19(12), 1730-1740.

张婷. (2017). 石河子市流动儿童主观幸福感的影响因素分析. 科技资讯, (12), 192-193.

张伟源, 覃玉宇, 吴俊端, 等. (2010). 南宁市536名流动儿童行为问题分析. 中国学校卫生, 31(1), 60-61.

张翔, 郑雪, 杜建政, 等. (2014). 流动儿童心理韧性及其影响因素: 核心自我评价的中介效应. 中国特殊教育, (4), 48-53.

张心怡, 郝勇强. (2016). 家庭资本对大学生相对剥夺感的影响——单因素方差分析ANOVA. 中共青岛市委党校. 青岛行政学院学报, (3), 67-73.

张秀琴, 王挺, 王蓓. (2014). 流动儿童的人格特征与主观幸福感. 中国健康心理学杂志, 22(5), 755-757.

张秀琴, 周甦, 张小聪. (2013). 流动儿童与本地儿童的人格特征及其差异. 科技信息, (34), 7-11.

张岩, 杜岸政, 谭顶良, 等. (2017). 歧视知觉与流动儿童社会疏离感的关系: 一个有调节的中介模型. 心理发展与教育, 33(6), 719-726.

张岩, 谭顶良. (2019). 歧视知觉与流动儿童学校适应的关系: 希望的调节作用——以江苏省为例. 中国特殊教育, (5), 59-64.

张艳. (2013a). 留守儿童亲子沟通、同伴关系与应对方式的关系及干预研究(硕士学位论文). 合肥: 安徽医科大学.

张艳. (2013b). 相对剥夺感的经济学理论与实证研究(硕士学位论文). 成都: 西南财经大学.

张云运, 骆方, 陶沙, 等. (2015). 家庭社会经济地位与父母教育投资对流动儿童学业成就的影响. 心理科学, 38(1), 19-26.

张喆. (2001). 关于建构中小学心理健康教育模式的思考. 沈阳师范学院学报(社会科学版), 25(4), 84-86.

赵建梅. (2011). 试论亚当斯的公平理论在高校教师激励中的应用. 教育与职业, (14), 50-51.

赵景欣, 刘霞, 张文新. (2013). 同伴拒绝、同伴接纳与农村留守儿童的心理适应: 亲子亲合与逆境信念的作用. 心理学报, 45(7), 797-810.

赵景欣. (2007). 压力背景下留守儿童心理发展的保护因素与抑郁、反社会行为的关系(博士学位论文). 北京: 北京师范大学.

赵书松. (2016). 社会转型时期弱势心理研究. 北京: 经济管理出版社.

赵燕. (2014). 流动儿童核心自我评价社会支持与抑郁的相关性. 中国学校卫生, 35(12), 1844-1846.

赵云环. (2013). 教师关心能力的提升策略研究(硕士学位论文). 金华: 浙江师范大学.

郑立新, 陶广放. (2001). 儿童主观生活满意度影响因素的研究. 中国临床心理学杂志, 9(2), 105-107.

郑信军, 岑国桢. (2006). 家庭处境不利儿童的社会性发展研究述评. 心理科学, 29(3), 747-751.

郑友富, 俞国良. (2009). 流动儿童身份认同与人格特征研究. 教育研究, (5), 99-102.

周芳. (2002). 流动人口子女家庭教育存在的问题及教育干预. 教育科学研究, (11), 54-55.

周皓. (2008). 流动儿童心理状况的对比研究. 人口与经济, (6), 7-14.

周皓.(2010).流动儿童的心理状况与发展——基于"流动儿童发展状况跟踪调查"的数据分析.人口研究,(2),66-75.

周皓.(2013).家庭社会经济地位、教育期望、亲子交流与儿童发展.青年研究,(3),11-26.

周佳.(2006).进城务工就业农民子女义务教育政策执行研究.清华大学教育研究,27(4),57-62.

周钧毅,叶一舵.(2012).中国城市农民工子女主观幸福感的发展特点研究.晋城职业技术学院学报,5(6),47-51.

朱丹,王国锋,刘军,等.(2013).流动儿童同伴关系的弹性发展特点研究.中国临床心理学杂志,21(4),654-657.

朱丽娜.(2008).进城农民工子女城市适应状况调查——以武汉市为例(硕士学位论文).武汉:华中师范大学.

朱倩,郭海英,潘瑾,等.(2015).流动儿童歧视知觉与问题行为——心理弹性的调节作用.中国临床心理学杂志,23(3),529-533.

邹泓,屈智勇,张秋凌.(2004).我国九城市流动儿童生存和受保护状况调查.青年研究,(1),1-7.

邹萍,邓双.(2014).流动儿童学习适应性研究述评.大连教育学院学报,30(2),63-64.

左恩玲,张向葵,田金来,等.(2017).不同亚型社会退缩幼儿在四种故事情境中的社会信息加工特点与差异.心理与行为研究,15(4),506-514.

左恩玲,赵悦彤,张向葵,等.(2018).基于社会信息加工情绪——认知整合模型的社会退缩幼儿短期追踪干预.学前教育研究,(5),12-27.

左其沛.(1990).中学德育心理学.长春:吉林教育出版社.

左启华,等.(1998).婴儿～初中学生社会生活能力量表.北京：北京医科大学．

Abrams, D. (1990). *Political identity: Relative deprivation, social identity and the case of Scottish nationalism* (Initiative Occasion No. 24). City University, Economic and Social Research Council.

Abrams, D., & Grant, P. R. (2012). Testing the social identity relative deprivation (SIRD) model of social change: The political rise of Scottish nationalism. *British Journal of Social Psychology*, 51(4), 674-689.

Achenbach, T. M., McConaughy, S. H., & Howell, C. T. (1987). Child/adolescent behavioral and emotional problems: Implications of cross-informant correlations for situational specificity. *Psychological Bulletin*, 101(2), 213-232.

Adams, J. S. (1965). "Inequity in social exchange". In L. Berkowitz (Ed.), *Advances in experimental social psychology* (Vol. 2, pp. 267-299). New York: Academic Press.

Adelman, M. B. (1988). Cross-cultural adjustment: A theoretical perspective on social support. *International Journal of Intercultural Relations*, 12(3), 183-204.

Alati, R., Najman, J. M., Shuttlewood, G. J., et al. (2003). Changes in mental health status among children of migrants to Australia: A longitudinal study. *Sociology of Health & Illness*, 25(7), 866-888.

Albert, K., & Stones, M. J. (1980). The measurement of happiness: Development of the memorial university of Newfoundland scale of happiness (MUNSH). *Journal of Gerontology*, 35(6), 6-12.

Allport, G. W. (1937). Personality: A psychological interpretation. *American Journal of Sociology*, 45(1), 48-50.

Avolio, B. J., & Luthans, R. (2006). *The high impact leader: Moments matter in accelerating authentic leadership development.* New York: McGraw Hill.

Avolio, B. J., Gardner, W. L., & Walumbwa, F. O. (2004). Unlocking the mask: A look at the process by which authentic leaders' impact follower attitudes and behaviors. *Leadership Quarterly*, 15(6), 801-823.

Beiser, M., Hou, F., Hyman, I., et al. (2002). Poverty and mental health among immigrant and non-immigrant children. *American Journal of Public Health*, 92(2), 220-227.

Bengi-Arslan, L., Verhulst, F. C., Van der Ende, J., et al. (1997). Understanding childhood (problem) behaviors from a cultural perspective: Comparison of problem behaviors and competencies in Turkish immigrant, Turkish and Dutch children. *Social Psychiatry and Psychiatric Epidemiology*, 32, 477-484.

Berkowitz, L. (2013). On the escalation of aggression. In *the dynamics of aggression*. Psychology Press.

Bernburg, J. G., Thorlindsson, T., & Sigfusdottir, I. D. (2009). Relative deprivation and adolescent outcomes in Iceland: A multilevel test. *Social Forces*, 87(3), 1223-1250.

Bhugra, D. (2004). Migration and mental health. *Acta Psychiatrica Scandinavica*, 109(4), 243-258.

Birt, C. M., & Dion, K. L. (1987). Relative deprivation theory and responses to discrimination in a gay male and lesbian sample. *The British Journal of Social Psychology*, 26(2), 139-145.

Boey, K. W. , & Chiu, H. F. K. (1998). Assessing psychological well-being of the old-old: A comparative study of GDS-15 md GHQ-12. *Clinical Gerontologist*, 19(1), 65-75.

Bougie, E. , Usborne, E. , de la Sablonnière, R. , et al. (2011). The cultural narratives of Francophone and Anglophone Quebecers: Using a historical perspective to explore the relationships among collective relative deprivation, in-group entitativity, and collective esteem. *British Journal of Social Psychology*, 50(4), 726-746.

Bradburn, N. M. , & Noll, C. E. (1969). *The structure of psychological well-being*. New York: Aldine Publication.

Bradley, R. H. , & Corwyn, R. F. (2002). Socioeconomic status and child development. *Annual Review of Psychology*, 53(1), 371-399.

Branscombe, N. R. , Schmitt, M. T. , & Harvey, R. D. (1999). Perceiving pervasive discrimination among African Americans: Implications for group identification and well-being. *Journal of Personality and Social Psychology*, 77(1), 135-149.

Branz-Spall, A. , & Wright, A. (2004). A history of advocacy for migrant children and their families: More than 30 years in the fields. *Child Advocacy*.

Brody, G. H. , Chen, Y. F. , Murry, V. M. , et al. (2006). Perceived discrimination and the adjustment of African American youths: A five-year longitudinal analysis with contextual moderation effects. *Child Development*, 77(5), 1170-1189.

Bronfenbrenner, U. (1976). The experimental ecology of education. *Teachers College Record*, 78(2), 1-37.

Bronfenbrenner, U. (1979). *The ecology of human develop-*

ment: *Experiments by nature and design*. Harvard University Press.

Bronfenbrenner, U. (1986). Ecology of the family as a context for human development: Research perspectives. *Developmental Psychology*, 22(6), 723-742.

Bronfenbrenner, U. (1986). Recent advances in research on the ecology of human development. *Development as Action in Context: Problem Behavior and Normal Youth Development*, 287-309.

Bronfenbrenner, U. (1989). Ecological system theory. *Annals of Child Development*, (6), 187-250.

Bronfenbrenner, U. (1994). Ecological models of human development. *International Encyclopedia of Education*, 3(2), 37-43.

Bronfenbrenner, U., & Ceci, S. J. (1994). Nature-nurture reconceptualized in developmental perspective: A bioecological model. *Psychological Review*, 101(4), 568-586.

Brooks-Gunn, J., & Duncan, G. J. (1997). The effects of poverty on children. *The Future of Children*, 7(2), 55-71.

Brown, C. S. (2006). Bias at school: Perceptions of racial/ethnic discrimination among Latino and European American children. *Cognitive Development*, 21(4), 401-419.

Burgess, K. B., Wojslawowicz, J. C., Rubin, K. H., et al. (2006). Social information processing and coping strategies of shy/withdrawn and aggressive children: Does friendship matter? . *Child Development*, 77(2), 371-383.

Cakal, H., Hewstone, M., Schwär, G., et al. (2011). An investigation of the social identity model of collective action and the 'sedative' effect of intergroup contact among Black and White students in South Africa. *British Journal of Social Psychology*, 50

(4), 606-627.

Callan, M. J., Kim, H., & Matthews, W. J. (2015). Predicting self-rated mental and physical health: The contributions of subjective socioeconomic status and personal relative deprivation. *Frontiers in Psychology*, 6, 162-173.

Callan, M. J., Kim, H., Gheorghiu, A. I., et al. (2017). The interrelations between social class, personal relative deprivation, and prosociality. *Social Psychological and Personality Science*, 8(6), 660-669.

Cantril, H. (1965). *The pattern of human concerns*. New Brunswick, NJ: Rutgers University Press.

Charles, C. C., Guan, Y. J., & Philemon, Y. W. (2011). Chinese migrant children's mental health and career efficacy: The roles of mentoring relationship quality and self-efficacy. *International Journal on Disability and Human Development*, 10(3), 195-199.

Cheng, C.-Y., Sanchez-Burks, J., & Lee, F. (2008). Connecting the dots within. *Psychological Science*, 19(11), 1178-1184.

Cohen, S., & Wills, T. (1985). Stress, social support, and the buffering hypothesis. *Psychological Bulletin*, 98(2), 310-357.

Conger, R. D., & Donnellan, M. B. (2007). An interactionist perspective on the socioeconomic context of human development. *Annual Review of Psychology*, 58, 175-199.

Cropanzano, R., & Randall, M. L. (1995). Advance notice as a means of reducing relative deprivation. *Social Justice Research*, 8, 217-238.

Crosby, F. (1976). A model of egoistical relative deprivation. *Psychological Review*, 83, 85-113.

Crosby, F. (1984). Relative deprivation in organizational settings. *Research in Organizational Behavior*, 6, 51-93.

Culp, R. E., Schadle, S., Robinson, L., et al. (2000). Relationships among paternal involvement and young children's perceived self-competence and behavioral problems. *Journal of Child and Family Studies*, 9(1), 27-38.

Dambrun, M., Taylor, D. M., McDonald, D. A., et al. (2006). The relative deprivation-gratification continuum and the attitudes of South Africans toward immigrants: A test of the V-curve hypothesis. *Journal of Personality and Social Psychology*, 91(6), 1032-1044.

Davis, J. A. (1959). A formal interpretation of the theory of relative deprivation. *Sociometry*, 22(4), 280-296.

Diener, E., Oishi, S., & Lucas, R. E. (2003). Personality, culture, and subjective well-being: Emotional and cognitive evaluations of life. *Annual Review of Psychology*, 54(1), 403-425.

Dodgen, D., LaDue, L. R., & Kaul, R. E. (2002). Coordinating a local response to a national tragedy: Community mental health in Washington, DC after the Pentagon attack. *Military Medicine*, 167(9), 87-89.

Dubow, E. F., Edwards, S., & Ippolito, M. F. (1997). Life-stressors, neighborhood disadvantage, and resources: A focus on inner-city children's adjustment. *Journal of Clinical Child Psychology*, 26(2), 130-144.

Eames, M., Ben-Shlomo, Y., & Marmot, M. G. (1993). Social deprivation and premature mortality: Regional comparison across England. *British Medical Journal*, 307(6912), 1097-1102.

Eibner, C. , Sturn, R. , & Gresenz, C. R. (2004). Does relative deprivation predict the need for mental health services. *Journal of Mental Health Policy & Economics*, 7(4), 167-175.

Elder, G. H. (1998). The life course as developmental theory. *Child Development*, 69(1), 1-12.

Elder, J. P. , Litrownik, A. J. , Slymen, D. J. , et al. (2002). Tobacco and alcohol use-prevention program for Hispanic migrant adolescents. *American Journal of Preventive Medicine*, 23(4), 269-275.

Elgar, F. J. , Xie, A. , Pförtner, T. K. , et al. (2016). Relative deprivation and risk factors for obesity in Canadian adolescents. *Social Science & Medicine*, 152, 111-118.

Ellemers, N. (2002). *Social identity and relative deprivation*. Cambridge University Press.

Festinger, L. (1954). A theory of social comparison processes. *Human Relations*, 7(2), 117-140.

Flavell, J. H. (1977). *Cognitive development*. Prentice-Hall.

Folger, R. , Rosenfield, D. D. , & Robinson, T. (1983). Relative deprivation and procedural justifications. *Journal of Personality and Social Psychology*, 45(2), 268-273.

Garstka, T. A. , Schmitt, M. T. , Branscombe, et al. (2004). Howyoung and older adults differ in their responses to perceived age discrimination. *Psychology and Aging*, 19(2), 326-335.

Goeke-Morey, M. C. , Taylor, L. K. , Merrilees, C. E. , et al. (2014). Adolescents' relationship with God and internalizing adjustment over time: The moderating role of maternal religious coping. *Journal of Family Psychology*, 28(6).

Goldsmith, A. H., Veum, J. R., & Darity, W. J. (1997). The impact of psychological and human capital on wages. *Economic Inquiry*, 35(4), 815-829.

Greitemeyer, T., & Sagioglou, C. (2017). Increasing wealth inequality may increase interpersonal hostility: The relationship between personal relative deprivation and aggression. *The Journal of Social Psychology*, 157(6), 766-776.

Griffin, J., & Soskolne, V. (2003). Psychological distress among Thai migrant workers in Israel. *Social Science & Medicine*, 57(5), 769-774.

Grzegorzewska, I. (2014). Social support and externalizing symptoms in children from alcoholic families. *Polish Journal of Applied Psychology*, 12(4), 9-28.

Gu, X. R., & Wei, J. Y. (2020). Hopes and hurdles: Rural migrant children's education in urban China. *Chinese Sociological Review*, 52(2), 199-237.

Guarnaccia, P. J., & Lopez, S. (1998). The mental health and adjustment of immigrant and refugee children. *Child and Adolescent Psychiatric Clinics of North America*, 7(3), 537-553.

Guimond, S., & Dambrun, M. (2002). When prosperity breeds intergroup hostility: The effects of relative deprivation and relative gratification on prejudice. *Personality & Social Psychology Bulletin*, 28(7), 900-912.

Gurr, B. A. (1971). *Doing your own thing*. School Arts.

Hackett, L., Hackett, R. J., & Taylor, D. C. (1991). Psychological disturbance and its associations in the children of the Gujarati community. *Journal of Child Psychology and Psychiatry, and*

Allied Disciplines, 32(5), 851-856.

Halevy, N., Chou, E. Y., Cohen, T. R., et al. (2010). Relative deprivation and intergroup competition. *Group Processes & Intergroup Relations*, 13(6), 685-700.

Harker, K. (2001). Immigrant generation, assimilation and adolescent psychological well-being. *Social Forces*, 79(3), 969-1004.

Hatton. (2002). Psychosocial interventions foradults with intellectual disabilities and mental health problems: A review. *Journal of Mental Health*, 11(4), 357-374.

Heaney, C. A., & Israel., B. A. (2008). Social networks and social support. *Health Education & Behavior*, 3(2), 189-210.

Hicks, R., Lalonde, R. N., & Pepler, D. (1993). Psychosocial considerations in the mental health of immigrant and refugee children. *Canadian Journal of Community Mental Health*, 12(2), 71-87.

Hoff, E., Laursen, B., & Bridges, K. (2012). Measurement and model building in studying the influence of socioeconomic status on child development. *The Cambridge Handbook of Environment in Human Development*, 590-606.

Hogg, M. A., & Turner, J. C. (1987). Intergroup behaviour, self-stereotyping and the salience of social categories. *British Journal of Social Psychology*, 26(4), 325-340.

Hosen, R., Solovey-Hosen, D., & Stem, L. (2003). Education and capital development: Capital as durable personal, social, economic and political influences on the happiness of individuals. *Education*, 123(3), 496-513.

Hovey, J. D., & Magaña, C. G. (2002). Psychosocial predictors of anxiety among immigrant Mexican migrant farmworkers: Implications for prevention and treatment. *Cultural Diversity and Ethnic Minority Psychology*, 8(3), 274-289.

Huleatt, W. J., LaDue, L., Leskin, G. A., et al. (2002). Pentagon family assistance center inter-agency mental health collaboration and response. *Military Medicine*, 167(9), 68-70.

Jasinskaja-Lahti, I., & Yijälä, A. (2011). The model of pre-acculturative stress—A pre-migration study of potential migrants from Russia to Finland. *International Journal of Intercultural Relations*, 35(4), 499-510.

Keyes, C. L. M., & Lopez, S. J. (2002). *Toward a science of mental health: Positive directions in diagnosis and interventions*. Oxford University Press.

Kobasa, S. C. (1979). Personality and resistance to illness. *American Journal of Community Psychology*, 7(4), 413-423.

Koomen, W., & Fränkel, E. G. (1992). Effects of experienced discrimination and different forms of relative deprivation among Surinamese, a Dutch ethnic minority group. *Journal of Community & Applied Social Psychology*, 2(1), 63-71.

Kuo, C. T., & Chiang, T. L. (2013). The association between relative deprivation and self-rated health, depressive symptoms, and smoking behavior in Taiwan. *Social Science & Medicine*, 89, 39-44.

Kupersmidt, J. B., & Martin, S. L. (1997). Mental health problems of children of migrant and seasonal farm workers: A pilot study. *Journal of the American Academy of Child and Adolescent Psychiatry*, 36(2), 224-232.

Lakey, B., & Tanner, S. M. (2013). Social influences in negative thinking and affect. *Cognitive Therapy and Research*, 37, 160-172.

Lawlor, D. A., Smith, G. D., Patel, R., et al. (2005). Life-course socioeconomic position, area deprivation, and coronary heart disease: Findings from the British women's heart and health study. *American Journal of Public Health*, 95(1), 91-97.

Lazarus, J. (1993). From psychological stress to the emotions: A history of changing outlooks. *Annual Review of Psychology*, 1, 1-22.

Leavey, G., Rozmovits, L., Ryan, L., et al. (2007). Explanations of depression among Irish migrants in Britain. *Social Science & Medicine*, 65(2), 231-244.

Li, C., & Jiang, S. (2018). Social exclusion, sense of school belonging and mental health of migrant children in China: A structural equation modeling analysis. *Children and Youth Services Review*, 89, 6-12.

Lindert, J., Ehrenstein, O. S., Priebe, S., et al. (2009). Depression and anxiety in labor migrants and refugees—A systematic review and meta-analysis. *Social Science & Medicine*, 69(2), 246-257.

Luthans, F., & Youssef, C. M. (2004). Human, social, and now positive psychological capital management: Investing in people for competitive advantage. *Organizational Dynamics*, 33(2), 143-160.

Luthans, F., Avolio, B. J., & Walumbwa, F. O. (2005). The psychological capital of Chinese workers: Exploring the relationship with performance. *Management and Organization Review*, 1(2),

249-271.

Luthans, F., Luthans, K. W., & Luthans, B. C. (2004). Positive psychological capital: Beyond human and social capital. *Business Horizons*, 47(1), 45-50.

Luthans, F., Youssef, C. M., & Avolio, B. J. (2007). Psychological capital: Investing and developing positive organizational behavior. *Positive Organizational Behavior*, 1(2), 9-24.

Luthans, F., Avolio, B., Avey, J., et al. (2007). Positive psychological capital: Measurement and relationship with performance and satisfaction. *Personnel Psychology*, 60, 541-572.

Luthans, R., Youssef, C. M., & Avolio, B. J. (2007). *Psychological capital: Developing the human competitive edge*. Oxford: Oxford University Press.

Luthar, S. S., Cicchetti, D., & Becker, B. (2000). The construct of resilience: A critical evaluation and guidelines for future work. *Child Development*, 71(3), 543-562.

Maddi, S. R. (2002). The story of hardiness: Twenty years of theorizing, research, and practice. *Consulting Psychology Journal: Practice and Research*, 54(3), 173-185.

Major, B., Quinton, W. J., & McCoy, S. K. (2002). Antecedents and consequences of attributions to discrimination: Theoretical and empiricaladvances. *Advances in Experimental Social Psychology*, 34, 251-330.

Mandleco, B. L. & Perry, J. C. (2000). An organizational framework for conceptualizing resilience in children. *Journal of Child and Adolescent Psychiatric Nursing*, 13, 99-111.

Marroquín, Brett, & Nolen-Hoeksema, S. (2015). Event prediction and affective forecasting in depressive cognition: Using emotion as information about the future. *Journal of Social Clinical Psychology*, 34(2), 117-134.

Maslow, A. H. (1950). Self-actualizing people: A study of psychological health. *Personality*, 1, 11-34.

Masten, A. S., & Coatsworth, J. D. (1998). The development of competence in favorable and unfavorable environments: Lessons from research on successful children. *American Psychologist*, 53(2), 205-220.

McClelland, D. C. (1987). *Human motivation*. Cup Archive.

McCrae, R. R., & Costa Jr, P. T. (1991). The NEO Personality Inventory: Using the five-factor model in counseling. *Journal of Counseling & Development*, 69(4), 367-372.

McLaughlin, K. A., Costello, E. J., Leblanc, W., et al. (2012). Socioeconomic status and adolescent mental disorders. *American Journal of Public Health*, 102(9), 1742-1750.

McLoone, P. (1996). Suicide and deprivation in Scotland. *British Medical Journal*, 312(7030), 543-544.

McLoone, P., & Boddy, F. A. (1994). Deprivation and mortality in Scotland, 1981 and 1991. *British Medical Journal*, 309(6967), 1465-1470.

Mejía, O. L., & McCarthy, C. J. (2010). Acculturative stress, depression, and anxiety in migrant farmwork college students of Mexican heritage. *International Journal of Stress Management*, 17(1), 1-20.

Merton, R. K. (1957). The role-set: Problems in sociological theory. *The British Journal of Sociology*, 8(2), 106-120.

Mishra, S., & Novakowski, D. (2016). Personal relative deprivation and risk: An examination of individual differences in personality, attitudes, and behavioral outcomes. *Personality and Individual Differences*, 90, 22-26.

Moscatelli, S., Albarello, F., Prati, F., et al. (2014). Badly off or better off than them? The impact of relative deprivation and relative gratification on intergroup discrimination. *Journal of Personality & Social Psychology*, 107(2), 248-264.

Mummendey, A., Kessler, T., Klink, A., et al. (1999). Strategies to cope with negative social identity: Predictions by social identity theory and relative deprivation theory. *Journal of Personality and Social Psychology*, 76(2), 229-245.

Nieuwenhuis, J., Van Ham, M., Yu, R., et al. (2017). Being poorer than the rest of the neighborhood: Relative deprivation and problem behavior of youth. *Journal of Youth and Adolescence*, 46, 1891-1904.

Niu, G. F., Luo, Y. J., Sun, X. J., et al. (2018). Qzone use and depression among Chinese adolescents: A moderated mediation model. *Journal of Affective Disorders*, 231, 58-62.

Noh, S., & Avison, W. R. (1996). Asian immigrants and the stress process: A study of Koreans in Canada. *Journal of Health & Social Behavior*, 37(2), 192-206.

Noh, S., Beiser, M., Kaspar, V., et al. (1999). Perceived racial discrimination, depression, and coping: A study of southeast Asian refugees in Canada. *Journal of Health & Social Behavior*, 40(3), 193-207.

Odgers, C. L., Donley, S., Caspi, A., et al. (2015). Living alongside more affluent neighbors predicts greater involvement in antisocial behavior among low-income boys. *Journal of Child Psychology & Psychiatry & Allied Disciplines*, 56(10), 1055-1064.

Olson, J. M. , & Hafer, C. L. (1996). *Affect, motivation, and cognition in relative deprivation research*. The Guilford Press.

Olson, J. M. , Roese, N. J. , Meen, J. , et al. (1995). The preconditions and consequences of relative deprivation: Two field studies. *Journal of Applied Social Psychology*, 25(11), 944-964.

Osborne, D. , & Sibley, C. G. (2013). Through rose-colored glasses: System-justifying beliefs dampen the effects of relative deprivation on well-being and political mobilization. *Personality and Social Psychology Bulletin*, 39(8), 991-1004.

Osborne, D. , & Sibley, C. G. (2015). Opposing paths to ideology: Group-based relative deprivation predicts conservatism through warmth toward ingroup and outgroup members. *Social Justice Research*, 28, 27-51.

Osborne, D. , Smith, H. J. , & Huo, Y. J. (2012). More than a feeling: Discrete emotions mediate the relationship between relative deprivation and reactions to workplace furloughs. *Personality and Social Psychology Bulletin*, 38(5), 628-641.

Parente, M. E. , & Mahoney, J. L. (2010). Residential mobility and exposure to neighborhood crime: Risks for young children's aggression. *Journal of Community Psychology*, 37(5), 559-578.

Pascoe, E. A. , & Richman, L. S. (2009). Perceived discrimination and health: A meta-analytic review. *Psychological Bulletin*, 135(4), 531-554.

Perlman, D. , & Peplau, L. A. (1982). Theoretical approaches to loneliness. *Loneliness: A Sourcebook of Current Theory, Research and Therapy*, 36, 123-134.

Pettigrew, T. F. (2015). Samuel Stouffer and relative deprivation. *Social Psychology Quarterly*, 78(1), 7-24.

Pettigrew, T. F. , Christ, O. , Wagner, U. , et al. (2008). Relative deprivation and intergroup prejudice. *Journal of Social Issues*, 64(2), 385-401.

Qiaobing, W. , Bill, T. , & Holly, M. (2014). Social capital, family support, resilience and educational outcomes of Chinese migrant children. *British Journal of Social Work*, 3, 636-656.

Richardson, G. E. (2002). The metatheory of resilience and resiliency. *Journal of Clinical Psychology*, 58(3), 307-321.

Rotter, J. B. (1966). Generalized expectancies for internal versus external control of reinforcement. *Psychological Monographs: General and Applied*, 80(1).

Rubin, K. H. , Coplan, R. J. , & Bowker, J. C. (2009). Social withdrawal in childhood. *Annual Review of Psychology*, 60, 141-171.

Ruggiero, K. M. , & Taylor, D. M. (1995). Coping with discrimination: How disadvantaged group members perceive the discrimination that confronts them. *Journal of Personality and Social Psychology*, 68(5), 826-838.

Runciman, W. G . (1966). *Relative deprivation and social justice: A study of attitudes to social inequality in twentieth-century Britain*. Gregg Revivals.

Rutter, M. (1973). Maternal deprivation reassessed. *Journal of the American Academy of Child Psychiatry*, 4(5), 364-365.

Sawyer, M. G., Borojevic, N., & Lynch, J. (2011). Evaluating population-level interventions for young people's mental health: Challenges and opportunities: Interventions for young people's mental health. *Early Intervention in Psychiatry*, 5, 46-51.

Seligman, M. E. P., & Csikszentmihalyi, M. (2000). Positive psychology: An introduction. *American Psychologist*, 25(2), 5-14.

Sen, J., & Pal, P. D. (2013). Changes in relative deprivation and social well-being. *International Journal of Social Economics*, 40(6), 528-536.

Siedlecki, K. L., Salthouse, T. A., Oishi, S., et al. (2014). The relationship between social support and subjective well-being across age. *Social Indicators Research*, 117, 561-576.

Smith, H. J., & Huo, Y. J. (2014). Relative deprivation: How subjective experiences of inequality influence social behavior and health. *Policy Insights from the Behavioral and Brain Sciences*, 1(1), 231-238.

Smith, H. J., Cronin, T., & Kessler, T. (2008). Anger, fear, or sadness: Faculty members' emotional reactions to collective pay disadvantage. *Political Psychology*, 29, 221-246.

Smith, H. J., Pettigrew, T. F., Pippin, G. M., et al. (2012). Relative deprivation: A theoretical and meta-analytic review. *Personality and Social Psychology Review*, 16(3), 203-232.

Smith, H. J., Ryan, D. A., Jaurique, A., et al. (2018). Cultural values moderate the impact of relative deprivation. *Journal of Cross-Cultural Psychology*, 49(8), 1183-1218.

Stevens, G. W., & Vollebergh, W. A. (2008). Mental health in migrant children. *Journal of Child Psychology and Psychiatry*, and Allied Disciplines, 49(3), 276-294.

Stevens, G. W., Pels, T., Bengi-Arslan, L., et al. (2003). Parent, teacher and self-reported problem behavior in the Netherlands: Comparing Moroccan immigrant with Dutch and with Turkish immigrant children and adolescents. Social Psychiatry and Psychiatric Epidemiology, 38, 576-585.

Stillman, S., McKenzie, D., & Gibson, J. (2009). Migration and mental health: Evidence from a natural experiment. Journal of Health Economics, 28(3), 677-687.

Stouffer, S. A., Suchman, E. A., DeVinney, L. C., et al. (1949). The American soldier: Adjustment during army life. Princeton University Press.

Subramanyam, M., Kawachi, I., Berkman, L., et al. (2009). Relative deprivation in income and self-rated health in the United States. Social Science & Medicine, 69(3), 327-334.

Tabak, I., Mazur, J., & Örkenyi, Á. (2012). Examining trends in parent-child communication in Europe over 12 years. Journal of Early Adolescence, 32(1), 26-54.

Tajfel, H. E. (1978). Differentiation between social groups: Studies in the social psychology of intergroup relations. Academic Press.

Tajfel, H., & Turner, J. C. (1986). The social identity theory of intergroup behaviour. In Psychology of Intergroup Relations, Nelson-Hall (2nd ed.).

Thornton, D. A., & Arrowood, A. J. (1966). Self-evaluation, self-enhancement, and the locus of social comparison. Journal of Experimental Social Psychology, 1, 40-48.

Tiet., Q. Q., Bird, H. R., Davies, M., et al. (1998). Adverselife events and resilience. *Journal of the American Academy of Child & Adolescent Psychiatry*, 37(11), 1191-1200.

Tom, D. M. (2006). *Effects of perceived discrimination: Rejection and identification as two distinct pathways and their associated effects*. The Ohio State University.

Tougas, F., & Beaton, A. M. (2002). *Relative deprivation: Specification, development, and integration*. Cambridge University Press.

Tougas, F., Rinfret, N., Beaton, A. M., et al. (2005). Policewomen acting in self-defense: Can psychological disengagement protect self-esteem from the negative outcomes of relative deprivation?. *Journal of Personality and Social Psychology*, 88(5), 790-800.

Tripathi, R. C., & Srivastava, R. (1981). Relative deprivation and intergroup attitudes. *European Journal of Social Psychology*, 11(3), 313-318.

Tropp, H. (1999). The role of voluntary organizations in environmental service provision: The case of madras. *State Society & the Environment in South Asia*.

Tropp, L. R., & Wright, S. C. (2001). Ingroup identification as the inclusion of ingroup in the self. *Personality and Social Psychology Bulletin*, 27(5), 585-600.

Turley, R. N. L. (2002). Is relative deprivation beneficial? The effects of richer and poorer neighbors on children's outcomes. *Journal of Community Psychology*, 30(6), 671-686.

Tusaie, K., & Dyer, J. (2004). Resilience: A historical review of the construct. *Holistic Nursing Practice*, 18(1), 3-10.

Urbanska, K., & Guimond, S. (2018). Swaying to the extreme: Group relative deprivation predicts voting for an extreme right party in the french presidential election. *International Review of Social Psychology*, 31(1), 26.

Van Zomeren, M., Postmes, T., & Spears, R. (2008). Toward an integrative social identity model of collective action: A quantitative research synthesis of three socio-psychological perspectives. *Psychological Bulletin*, 134(4), 504-535.

Vollebergh, W. A. M., Have, M. T., Dekovic, M., et al. (2005). Mental health in immigrant children in the Netherlands. *Social Psychiatry & Psychiatric Epidemiology*, 40(6), 489-496.

Walker, I., & Mann, L. (1987). Unemployment, relative deprivation, and social protest. *Personality and Social Psychology Bulletin*, 13, 275-283.

Walker, I., & Pettigrew, T. F. (1984). Relative deprivation theory: An overview and conceptual critique. *British Journal of Social Psychology*, 23(4), 301-310.

Wang, L., & Mesman, J. (2015). Child development in the face of rural-to-urban migration in China: A meta-analytic review. *Perspectives on Psychological Science*, 10(6), 813-831.

Wang, M. T., Dishion, T. J., & Stormshak, E. A. (2011). Trajectories of family management practices and early adolescent behavioral outcomes. *Developmental Psychology*, (5), 1324-1341.

Wang, Y., Pei, F., Zhai, F., et al. (2019). Academic performance and peer relations among rural-to-urban migrant children in Beijing: Do social identity and self-efficacy matter? . *Asian Social*

Work and Policy Review, (13), 263-273.

Watson, D., Clark, L. A., & Tellegen, A. (1988). Development and validation of brief measures of positive and negative affect: The PANAS scales. *Journal of Personality and Social Psychology*, 54 (6), 1063-1070.

Werner, E. E., & Smith, R. S. (1992). *Overcoming the odds: High risk children from birth to adulthood*. Cornell University Press.

Werner, E. E. (1995). Resilience in development. *Current Directions in Psychological Science*, 4(3), 81-84.

Wheeler, L. (1966). Motivation as a determinant of upward comparison. *Journal of Experimental Social Psychology*, 1, 27-31.

Wickham, S., Shevlin, M., & Bentall, R. P. (2013). Development and validation of a measure of perceived relative deprivation in childhood. *Personality and Individual Differences*, 55 (4), 399-405.

Williams, W. C., Morelli, S. A., Ong, D. C., et al. (2018). Interpersonal emotion regulation: Implications for affiliation, perceived support, relationships, and well-being. *Journal of Personality and Social Psychology*, 115(2), 224-254.

Wills, T. A. (1981). Downward comparison principles in social psychology. *Psychological Bulletin*, 90(2), 245-271.

Wright, S. C. (2009). The next generation of collective action research. *Journal of Social Issues*, 65(4), 859-879.

Wright, S. C., Taylor, D. M., & Moghaddam, F. M. (1990). Responding to membership in a disadvantaged group: From acceptance to collective protest. *Journal of Personality and Social Psy-*

chology, 58(6), 994-1003.

Zagefka, H., Binder, J., & Brown, R. (2013). Who is to blame? The relationship between in-group identification and relative deprivation is moderated by in-group attributions. *Social Psychology*, 44(6), 398-407.

Zhang, J., & Tao, M. K. (2013). Relative deprivation and psychopathology of Chinese college students. *Journal of Affective Disorders*, 150(3), 903-907.

Zoogah, D. B. (2010). Why should I be left behind? Employees' perceived relative deprivation and participation in development activities. *Journal of Applied Psychology*, 95(1), 159-173.

图书在版编目(CIP)数据

中国流动儿童心理发展与教育：整合与协同的模式 / 熊猛，叶一舵著. —北京：北京师范大学出版社，2025.3
(心理学与社会治理丛书)
ISBN 978-7-303-27788-9

Ⅰ.①中… Ⅱ.①熊… ②叶… Ⅲ.①流动人口－儿童心理学－研究－中国 ②流动人口－儿童教育－研究－中国 Ⅳ.①B844.1 ②G61

中国版本图书馆 CIP 数据核字(2022)第 015973 号

ZHONGGUO LIUDONG ERTONG XINLI FAZHAN YU JIAOYU：
ZHENGHE YU XIETONG DE MOSHI

出版发行：北京师范大学出版社 https://www.bnupg.com
　　　　　北京市西城区新街口外大街 12-3 号
　　　　　邮政编码：100088

印　　刷：	北京盛通印刷股份有限公司
经　　销：	全国新华书店
开　　本：	787 mm×1092 mm　1/16
印　　张：	14.25
字　　数：	184 千字
版　　次：	2025 年 3 月第 1 版
印　　次：	2025 年 3 月第 1 次印刷
定　　价：	88.00 元

策划编辑：周劲含　周益群　　　　责任编辑：宋　星
美术编辑：李向昕　　　　　　　　装帧设计：李向昕
责任校对：陈　荟　　　　　　　　责任印制：马　洁

版权所有　侵权必究
读者服务电话：010-58806806
如发现印装质量问题，影响阅读，请联系印制管理部：010-58806364